Simone de Beauvoir · New York, mon amour

◄ Blick auf Downtown Manhattan, 1942

Simone de Beauvoir

New York, mon amour

Reisetagebuch

Herausgegeben und mit einem Vorwort
von Susanne Nadolny
Mit Fotos von Andreas Feininger

edition ebersbach

Lizenzausgabe mit freundlicher Genehmigung
der Rowohlt Verlag GmbH
Die Textauszüge sind entnommen aus
Simone de Beauvoir, *Amerika – Tag und Nacht*

2. Auflage 2012

Bozener Str. 19, 10825 Berlin
www.edition-ebersbach.de
Satz und Umschlaggestaltung: Birgit Cirksena, Berlin
Umschlagfoto: Skyline von Manhattan mit der
Brooklyn Brigde, 1950
© AndreasFeiningerArchive.com,
c/o Zeppelin Museum Friedrichshafen
Druck und Bindung: Westermann Druck, Zwickau

ISBN 978-3-86915-032-1

Mythos New York

Im Januar 1947 erfüllt sich für Simone de Beauvoir ein lang gehegter Traum. «Ja – es ist passiert. Ich fliege nach New York. Es ist wahr.» Auf Einladung zahlreicher Universitäten reist die französische Schriftstellerin zu einer viermonatigen Vortragsreise in die USA. Die amerikanische Kultur ist für Simone de Beauvoir, wie für viele Europäer ihrer Generation, ein Mythos. Sie liebt amerikanische Filme, begeistert sich für Jazz und hat die Romane von Hemingway, Faulkner und Dos Passos nicht nur gelesen, sondern geradezu studiert. Als eine Art Kulturbotschafterin Frankreichs hat die prominente Literatin bereits Portugal, Tunesien und die Schweiz bereist. Als die ersehnte Einladung nach Amerika eintrifft und die Kulturabteilung des Außenministeriums sich zudem bereit erklärt, die Reisekosten zu übernehmen, zögert sie keine Sekunde, das zu jener Zeit noch recht waghalsige Abenteuer eines Transatlantikfluges auf sich zu nehmen. Sie brennt darauf, Amerika endlich mit eigenen Augen zu sehen. Besonders gespannt ist sie auf New York. «Trotz aller Bücher, die ich gelesen habe, trotz aller Filme, Fotos und Berichte – in meiner Vergangenheit ist New York eine sagenhafte Stadt: und zwischen Wirklichkeit und Legende gibt es keine Verbindung.»

Aus eigenen Mitteln hätte Simone de Beauvoir das Geld für die Reise nicht aufbringen können. 1943 hat sie ihre Tätigkeit als Philosophielehrerin aufgegeben und lebt seither als freie Schriftstellerin, was ihr ohne die finanzielle Unterstützung des Philosophen Jean-Paul Sartre, mit dem sie seit gemeinsamen Studienzeiten eine intensive Lebens- und Arbeitsgemeinschaft verbindet, kaum möglich wäre. Drei ihrer Romane, ein Theaterstück und diverse Essays sind bereits erschienen. Für die literarisch-politische Monatszeitschrift *Les Temps Modernes* verfasst sie regelmäßig Beiträge, u. a. über philosophische Themen. Ihre Bücher erregen Aufsehen, davon leben kann sie noch nicht. Das engagierte Schriftstellerpaar Sartre-Beauvoir ist spätestens seit Kriegsende über die Grenzen Frankreichs hinaus bekannt. Der Existentialismus ist in aller Munde. Unverhofft finden sich die beiden führenden Repräsentanten der literarisch-philosophischen Bewegung bisweilen sogar auf den Titelseiten diverser Boulevardblätter wieder.

Ihr Ruf eilt ihr voraus, als sie am 25. Januar 1947 auf dem New Yorker Flughafen *La Guardia* landet. Nachdem sie für drei Dollar pro Nacht ein Zimmer im Hotel Lincoln an der Ecke 44. Straße / 8. Avenue bezogen hat, macht sie sich unverzüglich daran, die Stadt auf eigene Faust zu erkunden. «New York», beschließt sie, «wird mir gehören, und ich werde New York gehören.»

Simone de Beauvoir ist – wie immer, wenn sie auf Reisen ist – eine «gewissenhafte Touristin». Jeden Tag ist sie stundenlang zu Fuß unterwegs, bewaffnet mit dicken Reiseführern und endlos langen Listen, auf denen sie genauestens vermerkt hat, welche Museen, Galerien und Sehenswürdigkeiten sie auf jeden Fall besichtigen will. Sie erforscht Viertel um Viertel, streift durch Manhattan und Brooklyn, besucht Chinatown und – allen Warnungen zum Trotz – Harlem. Sie staunt über den Lärm und das Chaos und erfreut sich an den ungewöhnlichen Geräuschen und Gerüchen der Stadt. Sie kann sich nicht satt sehen an dem Luxus: Blumen, Seidenkleider, Nylonstrümpfe, Pelze. *Drugstores*, wo man zu jeder Zeit frischen Orangensaft und riesige Sandwiches zu sich nehmen kann, Restaurants, die Hummer und Ente servieren, Bars, in denen kunstvoll gemixte Cocktails auf sie warten und der unvermeidliche Whisky, den sie im Verlauf ihres Aufenthaltes «lieb zu gewinnen» beginnt. Welch ein Kontrast zum Nachkriegsfrankreich, das immer noch «in Sack und Asche» geht und wo Lebensmittel noch rationiert werden!

Mit gewohnter Akribie folgt Simone de Beauvoir bei all ihren Erkundungen einem strengen, selbst auferlegten Zeitplan, um nur ja nichts zu verpassen. Alles will sie kennen lernen, alles wissen, alles beurteilen. Gern nimmt sie zu diesem Zweck die Hilfe einheimischer Künstler und Intellektueller in Anspruch, auch wenn ihr deren Chauvinismus bisweilen auf die Nerven geht. Nicht alles gefällt ihr in Amerika. Enttäuscht muss sie sich von einem Teil ihrer Illusionen, die sie sich über das Land der unbegrenzten Möglichkeiten gemacht hat, verabschieden. Die konventionelle amerikanische Gesellschaft geht ihr schlichtweg auf die Nerven, der allgegenwärtige Hass auf den Kommunismus macht ihr Angst, die Diskriminierung der schwarzen Bevölkerung verurteilt sie aufs Schärfste.

Über alle Maßen enttäuscht ist Simone de Beauvoir von den amerikanischen Frauen. «Keine hatte den freien, sportlichen Gang, den ich bei den Amerikanerinnen erwartete». Voller Erstaunen registriert sie, dass die College-Studentinnen, die auf dem Campus lässig in aufgekrempelten Blue Jeans und geknoteten Männerhemden herumlaufen, sich in aufgetakelte Damen mit Hut, Handschuhen und Nerzmantel verwandeln, sobald sie im Zug nach New York unterwegs sind. Sie erlebt, wie intelligente Frauen lächerlich gemacht und übergangen werden, wenn sie an Männergesprächen teilzunehmen versuchen, eine Diskriminierung, die ihr selbst nie zuteil geworden war und die sie bis dahin nicht für möglich gehalten hatte. Sie kann nicht verstehen, warum die amerikanischen Frauen offensichtlich freiwillig eine untergeordnete Rolle dem Mann gegenüber einnehmen, und beginnt, ihren Geschlechtsgenossinnen systematisch Fragen zu stellen: zu Herkunft, Ausbildung und Beruf, zu Familienplanung und Verhütung. Ihre Beobachtungen und Aufzeichnungen bilden den Ausgangspunkt für ihre umfassende Studie über die Lage der Frau, die 1949 unter dem Titel *Das andere Geschlecht* weltweit für Furore sorgen wird und bis heute als bedeutendstes theoretisches Werk des Feminismus gilt.

Nach drei Wochen Aufenthalt in New York setzt Simone de Beauvoir ihre Vortragsreise fort. Überall auf dem Kontinent – sie hält u. a. Vorlesungen in Yale, Harvard, Vassar, Princeton und Kalifornien – ist die «Hohepriesterin des Existentialismus» eine gefragte Referentin. Im April ist sie noch einmal für einige Tage in New York und auch die letzten Wochen bis zu ihrem Rückflug im Mai 1947 verbringt sie hier. Statt in der Touristengegend rund um den Times Square wohnt sie nunmehr im Brevoort Hotel in Greenwich Village, ganz in der Nähe der Wrights und anderer Freunde, wo sie sich wie eine waschechte New Yorkerin fühlt. Der Schriftsteller Nelson Algren, den sie während ihres Aufenthaltes in Chicago im Februar kennen gelernt hat, kommt sie dort besuchen. Mit großem Vergnügen zeigt sie ihm, der New York kaum kennt, die Stadt, die inzwischen *ihre* Stadt geworden ist. «Ich hätte nicht geglaubt, dass ich eine andere Stadt so lieben könnte, wie ich Paris liebe.»

Im September desselben Jahres reist Simone de Beauvoir noch einmal für zwei Wochen nach Chicago. Ihre beiden Amerika-Reisen verarbeitet sie zu dem nachträglich geschriebenen – von der tatsächlichen Chronologie abweichenden – Reisetagebuch *Amerika – Tag und Nacht*, dem die New York-Passagen des vorliegenden Bandes entnommen sind. Sie hatte nicht vor, über das Land zu schreiben, doch ihre ambivalenten Eindrücke ließen sie nicht mehr los. Anhand von Aufzeichnungen und Briefen entsteht zunächst eine Artikelserie für die Zeitschrift *Les Temps Modernes*, die 1948 erstmals in Buchform veröffentlicht wird. Die unverwechselbare Beauvoir'sche Mischung aus kritischem Bericht, nachdenklichem Monolog und analytischer Untersuchung kann nicht nur als ein Zeugnis der Befindlichkeit der bekanntesten Intellektuellen ihrer Epoche gelesen werden, sondern auch als ein wichtiges Zeitdokument.

Nur in Ausnahmefällen nennt Simone de Beauvoir in ihrem Reisetagebuch die Menschen, denen sie in Amerika begegnet, bei ihrem richtigen Namen. Meist beschränkt sie sich auf die Angabe der Initialen, die sie z. T. zusätzlich verfremdet. In dem vorliegenden Band wurde durchgängig die Schreibweise des Originals beibehalten.

Susanne Nadolny
im Januar 2011

25. Januar 1947

Gleich wird etwas passieren. Man kann in einem Leben die Minuten zählen, in denen etwas passiert. Strahlenbündel fegen über das Gelände, auf dem rote und grüne Lichter funkeln. Das ist ein Galaabend, ein Nachtfest: mein Fest. Etwas passiert. Die Propeller drehen sich schneller und schneller, die Motoren heulen auf – mein Herz kann ihnen nicht folgen. Auf einmal kleben die roten Leuchtbaken des Flugplatzes am Boden, in der Ferne zittern die Lichter von Paris, irdische Sterne, die aus dunkelblauer Tiefe aufsteigen.

Ja – es ist passiert. Ich fliege nach New York. Es ist wahr. Aus dem Lautsprecher tönte es: «Die Reisenden für New York …», und die Stimme klang so vertraut wie alle Lautsprecherstimmen auf den Bahnsteigen. Paris–Marseille, Paris–London, Paris–New York. Es ist nur eine Reise, ein Ortswechsel. Das jedenfalls sagte die Stimme, und das steht auch auf dem blasierten Gesicht des Stewards geschrieben; für ihn ist es berufsmäßig durchaus natürlich, daß ich nach New York fliege. Es gibt nur eine Welt und New York ist eine Stadt in dieser Welt. Aber nein. Trotz aller Bücher, die ich gelesen habe, trotz aller Filme, Fotos und Berichte – in meiner Vergangenheit ist New York eine sagenhafte Stadt: und zwischen Wirklichkeit und Legende gibt es keine Verbindung. Gegenüber dem alten Europa, an der Schwelle eines von 160 Millionen Menschen bevölkerten Kontinents, gehört New York der Zukunft – wie also könnte ich mit geschlossenen Füßen über mein eigenes Leben hinwegspringen? Ich versuche es mit Vernunftgründen: New York ist wirklich und gegenwärtig – aber meine Erregung bleibt. Gewöhnlich bedeutet Reisen für mich, meinem Weltbild ein neues Objekt anzugliedern, und schon das Vorhaben ist fesselnd. Heute aber ist es ganz anders: ich habe den Eindruck, aus meinem Leben herauszutreten. Sei es nun durch Zorn oder Hoffnung hindurch – etwas wird sich enthüllen: eine Welt so übervoll, so reich und so überraschend, daß ich das ungewöhnliche Erlebnis haben werde, selbst eine andere zu werden.

Schon der ruhige Flug der Maschine ist ein Versprechen, schon bin ich mir entronnen. Unter einem befremdlichen Äther ist die Erde hinweggeglitten. *Ich bin nicht mehr irgendwo – ich bin anderswo.* Wie spät ist es? In welcher Jahreszeit leben wir? Auf den Azoren, im Schatten der großen Strohhüte, ist Sommer. Neufundland liegt unter Eis und Schnee. Es ist acht Uhr in Paris und zwei Uhr in New York. Zeit und Raum geraten durcheinander. Meine Träume sind weniger überspannt als die Riesenflügel, an die ich gefesselt bin und die unbeweglich zwischen Wolken und Sternen schweben.

Ich habe geschlafen. Ich öffne die Augen. Auf der dunklen Tiefe, die unter mir liegt, bricht plötzlich ein horizontales, feststehendes Feuerwerk los: Sterne, Netze, Kreise, bunte Lichtgarben. Wasser zittert zwischen leuchtenden Lichtbändern. Ein verrückt gewordenes Venedig, könnte man meinen. Vielleicht auch ein wunderbarer Sieg, der auf der Erde gefeiert wird … «Boston», sagt die Stewardess. Boston. Bei diesem puritanischen Klang denkt man an eine vernünftige steinerne Stadt, so aber – in Feuer und

Gold auf dem dunklen Samt der Ebene – wirkt sie eher zerzaust. Boston. Amerika. Gierig schaue ich hinab. Ich kann noch nicht sagen: ich bin in Amerika. Eine Minute würde genügen, mich auf seinem Boden zu zerschmettern – ich bin in einem Himmel, der zu keinem Kontinent gehört: im Himmel schlechthin. Unter mir ist es wieder Nacht geworden. Amerika schläft. Aber immer wieder blitzen in der Ferne die Feuer eines neuen Festes auf: eine Stadt, ein Dorf. Es scheint, daß in diesem Land Steine und Ziegel des Nachts sich in flammende Metallplättchen verwandeln: jeder Marktflecken ist ein schimmernder Weihnachtsbaum.

Vom Himmel auf die Erde niedergehen, das ist ein kleiner Leidensweg. Die klare, schwerelose Luft verdickt sich zu einer Atmosphäre, die an der Erdrinde klebt und von Stößen durchschauert wird. Der prächtige freie Flug wird zu einer mühevollen Navigation. Meine Schläfen summen, die Ohren tun mir weh, mein Trommelfell ist in der Tat jene Membrane, wie sie in den Büchern beschrieben ist: es spannt, es vibriert, es schmerzt. Ich war nur noch Blick und Erwartung – jetzt aber habe ich einen Magen, der eine Tasche ist, einen Schädel, der ein Knochengehäuse, und ein Trommelfell, das eine Membrane ist – eine ganze Maschinerie aus einzelnen, schlecht zusammenpassenden Stücken. Ich habe die Augen geschlossen. Als ich sie wieder öffne, sind alle Sterne des Himmels zur Erde herabgerollt. Das ist ein Glitzern von kostbaren Steinen und Karfunkeln, von Rubinfrüchten, Topasblumen, Diamantenschnüren. Nur in meiner Kindheit habe ich ein solches Blenden und ein so leidenschaftliches Begehren gekannt. Alle Schätze aus Tausendundeiner Nacht, von denen ich damals träumte und die ich niemals sah – hier sind sie. Alle Jahrmarktsbuden, in die ich nicht eintrat, die Karusselle, Magic City, Lunapark – hier sind sie. Und auch die Dekorationen des Châtelet, die Geburtstagskuchen, die Kristallüster, die man des Nachts in musikerfüllten Salons entzündet – sie alle haben zu mir zurückgefunden. Jener Buchsbaumzweig, an dem Halsketten, Armreifen und Trauben durchsichtiger, glacierter Bonbons hingen und die ich eines Palmsonntags so sehr begehrte – auch er ist da. An meinem Hals, an meinen Handgelenken werde ich diesen Zuckerschmuck tragen, sein Kristall wird zwischen meinen Zähnen krachen, sein glänzender Rauhreif wird in meinem Mund schmelzen und auf der Zunge werde ich den Geschmack von schwarzen Johannisbeeren und Ananas verspüren. Die Maschine geht herunter, schwankt. An den Wind, den Nebel und die Schwere der Luft gebunden, lebt sie jetzt ein elementares, undurchsichtiges Leben – ist selbst ein Stück Natur geworden. Sie geht herunter. Die Perlschnüre werden zu Straßen, die kristallenen Blasen zu Kandelabern: eine Stadt tut sich auf, und selbst die Worte der Kindheit sind zu armselig, um auszudrücken, was sie verspricht. Ein Fabrikschornstein schaukelt im Himmel. Ich unterscheide Häuser längs einer Allee und denke: auf diesen Straßen wirst du gehen. Wieder schaukelt der Schornstein vorbei, wir fliegen im Kreis. Meine Nachbarin murmelt: «Der Motor klingt so eigenartig.» Wir drehen über einem Flügel ab, schnell denke ich: «Ich will nicht sterben. Nicht jetzt. Ich will nicht, daß diese Lichter verlöschen.» Der Schornstein ist verschwunden, die roten Leuchtbaken kommen näher, und ich fühle den Stoß der Räder, die die Rollbahn berühren. Wir warteten einfach, bis die Reihe an uns war: in jeder Minute landet ein Flugzeug auf dem Flugplatz La Guardia.

Die Elemente sind besiegt, die Entfernungen abgeschafft – aber New York ist verschwunden. Um die Stadt zu erreichen, muß man durch den schmalen Tunnel des irdischen Lebens hindurch. Papiere wandern von einer Hand in die andere, ein Arzt untersucht zerstreut unsere Zähne, als wären wir Pferde, die verkauft werden sollen. Man führt uns in einen überheizten Raum, wir warten. Mein Kopf ist schwer, ich ersticke. Man hatte es mir schon gesagt: «Es ist immer zu heiß in Amerika.» Diese gräßliche Hitze, das ist also Amerika. Und dieser Orangensaft, den mir eine junge Frau mit einem Magazinlächeln und glänzenden Haaren reicht, auch das ist Amerika. Man muß es allmählich entdecken, es wird sich nicht wie ein dickes Bonbon schlukken lassen. Die Weihnachtsbäume und die Leuchtfontänen sind weit fort, ich werde das festliche Gesicht nicht wiedersehen – es leuchtet keinem, der mit seinem ganzen Menschengewicht auf der Erde lastet. Man ruft mich auf, ein Beamter prüft mein schönes Visum, das mit seinen roten Siegeln wie eine mittelalterliche Karte aussieht. «Sie kommen aus einem schönen Land», sagt er mit einer Kopfbewegung, «aber Sie kommen in ein noch schöneres.» Er verlangt 8 Dollar von mir. Dann prüfen Zollbeamte oberflächlich meinen Koffer, ich betrete eine große, runde Halle, wo verschlafene Leute dösen und sich langweilen. Ich bin frei, und jenseits der Tür wartet New York.

D. P. ist gekommen, mich abzuholen. Ich kenne sie nicht. Und schon sause ich an der Seite einer jungen Frau, die ich noch nie gesehen habe, durch eine Stadt, in der meine Augen noch nichts wahrnehmen können. Das Auto gleitet so geschmeidig dahin, die Fahrbahn unter den Rädern ist so glatt, daß der feste Boden ebenso unfühlbar erscheint wie die Luft. Wir folgen einem Fluß, überqueren eine Eisenbahnbrücke, als meine Nachbarin plötzlich sagt: «Dies ist der Broadway.» Und jetzt, wie mit einem Schlag, sehe ich. Ich sehe breite, hellerleuchtete Straßen, auf denen Hunderte und aber Hunderte von Wagen dahinfegen, anhalten und wieder anfahren mit einer Disziplin, von der man glauben möchte, sie sei vom Himmel her durch irgendeine magnetische Vorsehung gelenkt. Die regelmäßigen Straßenblöcke, die unbewegliche Starre der Kreuzungspunkte, die mit mathematischer Präzision abwechselnden roten und grünen Lichter, das alles flößt ein solches Gefühl von Ordnung und Frieden ein, daß die Stadt einen schweigenden Eindruck erweckt. Man hört tatsächlich keine Hupe und kein Geknatter, und ich verstehe, warum unsere amerikanischen Besucher über das Quietschen der Bremsen an unseren Straßenecken so erstaunt sind. Hier gleiten die Wagen über samtene Chausseen, von denen kleine Dampfwolken aufsteigen: ein stummer Film, könnte man denken. Die glänzenden Wagen scheinen aus einer Ausstellungshalle zu kommen, und der Erdboden erscheint mir so sauber wie die Steinfliesen in einer holländischen Küche. Das Licht hat all seinen Schmutz hinweggewaschen, ein übernatürliches Licht, das den Asphalt verwandelt und alles mit einer Strahlenkrone umgibt: die Blumen, die Seidenkleider, die Bonbons, die Nylonstrümpfe, die Handschuhe, Damentaschen, Schuhe, Pelze und Bänder, die in den Schaufenstern der Läden ausliegen. Ich kann mich gar nicht sattsehen. Nie werde ich dieses Schweigen, diesen Luxus, diesen Frieden wiederfinden. Nie werde ich rings um den

Central Park diese Wälle aus schwarzer Lava, diese gigantischen Würfel aus Stein und Licht wiedersehen. Morgen wird New York eine Stadt sein – dieser Abend aber gehört der Zauberei. Wir fahren im Kreis herum, ohne eine Stelle zu finden, wo wir parken könnten: das ist ein Ritus, dem ich mich mit der ganzen Neugierde einer Neubekehrten unterwerfe. Das *dinner* in dem mit roten und goldenen Palmen dekorierten Restaurant ist ein Weihemahl – Martini und Hummer haben etwas Geheiligtes an sich.

In einem Riesenhotel der 44. Straße und der 8. Avenue hat mir D. P. ein Zimmer reservieren lassen. Sie fragt, wie lange ich es behalten kann. «So lange sie will, wenn sie sich anständig benimmt», sagt der Geschäftsführer mit einem breiten Lächeln. Da habe ich, wie es scheint, Glück gehabt: es ist nicht leicht, ein Zimmer zu finden. D. P. verläßt mich, aber ich fahre nicht in mein Zimmer hinauf. Ich gehe zu Fuß über den Broadway. Die Luft ist feucht und mild, ein südlicher Winter: schließlich liegt ja New York auf dem gleichen Breitengrad wie Lissabon. Ich gehe. Broadway. Times Square, 42. Straße. In meinen Augen ist kein Erinnern, meine Schritte haben kein Ziel – von der Vergangenheit und von der Zukunft abgeschnitten: ein nacktes Dasein. Es ist so rein, so auf sich selbst gestellt, daß es an sich selbst zweifelt und daß auch die Umwelt in Frage gestellt ist. Ich sage: das ist New York, aber so ganz glaube ich nicht daran. Kein Gleis, kein Kielwasser: keine Spur meines Weges habe ich auf der Erdoberfläche hinterlassen; diese Stadt und Paris sind nicht wie zwei Elemente ein und desselben Systems miteinander verbunden – beide

▶ Skyline von New York, gesehen von der Route 3 nach New Jersey

NO
TURNS

Städte leben zu verschiedenen Zeiten, sie existieren nicht zusammen, und ich habe nicht von der einen in die andere hinüberwechseln können. Ich bin nicht mehr in Paris, aber hier bin ich auch nicht: meine Gegenwart ist eine geborgte Gegenwart. Auf diesen Gehsteigen ist kein Platz für mich, diese fremde Welt, in die ich überraschend gefallen bin, erwartete mich nicht, sie war voll ohne mich – sie *ist* ohne mich voll, es ist eine Welt, in der ich nicht bin: in meiner vollkommenen Abwesenheit begreife ich es. Diese Menschenmenge, die ich streife, ich gehöre ihr nicht an; ich fühle mich allen Blicken unsichtbar. Ich habe das Inkognito eines Phantoms. Wird es mir gelingen, wieder ein lebender Mensch zu werden?

26. Januar

Mitten in der Nacht, in meinen Schlaf hinein, sagt plötzlich eine Stimme ohne Worte: «Etwas ist mir passiert.» Ich schlafe noch und weiß nicht, ob nun ein großes Glück oder eine Katastrophe über mich gekommen ist. Etwas ist mir passiert. Vielleicht bin ich gestorben, wie das häufig in meinen Träumen vorkommt, vielleicht werde ich auf der anderen Seite des Todes erwachen. Ich öffne die Augen und habe Angst. Und es fällt mir ein: das ist keineswegs das Jenseits – das ist New York.

Es war kein Trugbild. New York ist da und alles ist wahr. Die Wahrheit leuchtet vom blauen Himmel herunter, lebt in der feuchten, milden Luft und ist triumphierender als der ungewisse Zauber der Nacht. Es ist neun

Uhr morgens, es ist Sonntag, die Straßen sind leer. Hier und da noch ein paar Lichter auf den Neonreklamen. Kein Passant, kein Wagen, nichts unterbricht die gerade Fluchtlinie der 8. Avenue. Kuben, Prismen, Rechtecke, die Häuser sind abstrakte Körper und die Oberflächen abstrakte Schnittpunkte zweier Volumen; die Materialien sind ohne Dichtigkeit, ohne Verbindung: es ist der Raum selbst, den man in eine Form gegossen hat. Ich bewege mich nicht, ich schaue. Ich bin da, und New York wird mir gehören. Wieder überkommt mich jene Freude, die ich vor fünfzehn Jahren kennenlernte. Ich trat aus dem Bahnhof heraus und von der Höhe der monumentalen Treppe sah ich zu meinen Füßen alle Dächer von Marseille. Ein Jahr, zwei Jahre sollte ich allein in einer unbekannten Stadt verbringen. Ich bewegte mich nicht und schaute, dabei dachte ich: diese fremde Stadt ist meine eigene Zukunft und wird einmal meine Vergangenheit gewesen sein. Zwischen diesen Häusern, die Jahre, jahrhundertelang ohne mich existiert haben, verlaufen Straßen für Tausende von Menschen, die nicht Ich waren, die nicht Ich sind. Und nun gehe ich hier, laufe den Broadway hinab, jawohl – Ich. Ich gehe auf den Straßen, die nicht für mich geschaffen wurden, auf denen mein Leben noch keine Spur hinterließ, in denen kein Duft der Vergangenheit weht. Niemand kümmert sich hier um meine Gegenwart, ich bin immer noch ein Phantom und gleite durch die Stadt, ohne etwas an ihr zu ändern. Und doch wird von nun ab mein Leben die Straßenflucht, die Häuserflucht tief in sich aufnehmen: New York wird mir gehören, und ich werde New York gehören.

Ich trinke einen Orangensaft an einer Theke, ich setze mich in die Bude eines Stiefelputzers, auf einen der drei erhöhten Sessel; allmählich werde ich wieder ein Mensch aus Fleisch und Blut, die Stadt wird mir vertrauter, die Oberflächen sind Fassaden und die festen Körper Häuser geworden. Auf dem Fahrdamm wirbelt der Wind Staub und alte Papierfetzen durcheinander. Hinter dem Washington Square hört die Welt der Mathematik auf. Keine starren Ecken mehr, die Straßen haben keine Zahlen mehr, sondern Namen, die Linien runden sich und laufen durcheinander. Ich verlaufe mich wie in einer europäischen Stadt. Die Häuser haben nur drei oder vier Etagen und dickaufgetragene Farben, schwankend zwischen Rot, Ockergelb und Schwarz. Wäsche hängt zum Trocknen an den Feuertreppen, die im Zickzack an den Mauern hochlaufen. Diese Wäsche mit ihrer Hoffnung auf Sonnenschein, die Stiefelputzer an den Straßenecken, die terrassenförmigen Dächer, das alles erinnert von fernher an eine südliche Stadt, während das müde Rot der Häuser eher an den Londoner Nebel denken läßt. Dieses Viertel hat nicht die geringste Ähnlichkeit mit irgendeinem anderen, das ich kenne – aber ich weiß, daß ich es lieben werde.

Die Landschaft wechselt. Ja, Landschaft muß man diese menschenleere Stadt nennen, in die der Himmel einbricht: er steht über den Wolkenkratzern, er stiehlt sich in die geraden Straßen hinein, er ist zu weit, als daß die Stadt ihn hätte annektieren können, er überflutet sie – es ist ein Gebirgshimmel. Ich laufe zwischen hohen Steilufern auf der Talsohle eines Canyon, in den kein Sonnenstrahl dringt. Die Luft riecht salzig. Die Geschichte der Menschheit steht nicht eingeschrieben auf diesen *buildings* mit ihrem peinlichst auskalkulierten Gleichgewicht: sie sind den vorgeschichtlichen Höhlen näher als die Häuser in Paris oder Rom. In Paris, in Rom ist die Geschichte bis in die Eingeweide der Erde eingedrungen; die Tiefe von Paris erstreckt sich bis zum Mittelpunkt der Erde. Die Battery von New York hat keine so tiefen Wurzeln getrieben. Unter den Abflußkanälen, Untergrundbahnen und Heizrohren ist der Felsen jungfräulich, vom Menschen unberührt. Zwischen Felsen und freiem Himmel gehören Wall Street, Broadway – im Schatten ihrer ungeheuren Bauten – heute morgen der Natur an. Die kleine rote Kirche mit ihrem Friedhof und den flachen Grabsteinen wirkt mitten auf dem Broadway ebenso überraschend und rührend wie eine heilige Stätte an den wilden Ufern des Ozeans.

Die Sonne schien so schön, das Wasser des Hudson war so grün, daß ich das Schiff bestieg, das die Provinzler aus dem Mittelwesten zur Freiheitsstatue hinüberfährt. Aber ich steige nicht auf der kleinen Insel aus, die einem Fort ähnelt. Ich wollte nur die Battery sehen, so wie ich sie so oft im Kino gesehen habe. Und jetzt sehe ich sie. Von weitem erscheinen diese schlanken Türme zerbrechlich. Die aufwärtsstrebenden Gerüste sind so knapp und genau ausgewogen, daß sie wohl bei der geringsten Erschütterung wie Kartenhäuser zusammenbrechen würden. Wenn das Schiff näher kommt, werden die Steinschichten wieder massiver: aber das Bild des Einsturzes läßt einen nicht wieder los. Welches Fressen für Bombenflugzeuge!

Auf den Straßen findet man Hunderte von Restaurants, aber sonntags sind sie alle geschlossen. Dasjenige, das ich entdecke, ist überfüllt. Ich esse hastig, von der Kellnerin zur Eile angetrieben. Kein Fleckchen, um sich auszuruhen. Die Natur ist gnädiger. New York wird in dieser Härte wieder menschlich. Pearl Street mit ihrer Hochbahn,

Chatham Square, das Chinesenviertel, die Bowery. Ich werde langsam müde. Schlagworte schwirren mir durch den Kopf: «Stadt der Gegensätze». Diese nach Gewürzen und Packpapier riechenden Gäßchen zu Füßen tausendfenstriger Hausfassaden – das ist ein Gegensatz; auf Schritt und Tritt stoße ich auf Gegensätze, und alle sind sehr verschiedener Art. «Eine aufrecht stehende Stadt», «entfesselte Geometrie», «wahnsinnig gewordene Geometrie» – das alles sind in der Tat diese Wolkenkratzer, diese Fassaden, diese Avenuen: ich sehe es mit eigenen Augen. Oft las ich auch «New York mit seinen Kathedralen». Ich hätte das Wort erfinden können; alle diese alten Klischees schienen banal. Und doch – in der ersten Entdeckerfreude kommen auch mir die Worte «Gegensätze» oder «Kathedralen» auf die Lippen, ich bin erstaunt, sie so abgenutzt zu empfinden, während doch die Wirklichkeit, die sie auszudrücken versuchen, unverändert bestehen bleibt. Manche drückten sich präziser aus: «In der Bowery schlafen die Betrunkenen sonntags auf dem Gehsteig.» Hier ist die Bowery – Betrunkene schlafen auf dem Gehsteig. Genau das wollten die Worte ausdrücken, ihre Exaktheit bringt mich durcheinander: warum erscheinen diese Worte so leer, wo sie doch so wahr sind? Mit Worten werde ich New York nie erfassen. Ich denke auch nicht mehr daran, diese Stadt zu erfassen – ich löse mich in ihr auf, Worte, Bilder, Wissen, Erwartungen nützen mir gar nichts; festzustellen, daß sie wahr oder falsch sind, ist sinnlos. Keine Gegenüberstellung mit den Dingen, die da sind, ist möglich. Sie existieren auf eine andere Art: sie sind da. Und ich schaue und schaue – erstaunt wie ein Blinder, der wieder sehen kann.

Wenn ich New York entziffern will, muß ich mich an New Yorker wenden. In meinem Büchlein stehen Namen, aber für mich steht kein Gesicht hinter ihnen. Ich muß auf englisch mit Leuten telefonieren, die mich nicht kennen und die ich nicht kenne. Ich gehe hinunter in die *lobby* des Hotels und bin eingeschüchtert, als hätte ich ein mündliches Examen zu bestehen. Diese *lobby* betäubt mich durch ihre Fremdheit – eine Fremdheit mit umgekehrtem Vorzeichen. Ich bin der Zulukaffer, den ein Fahrrad in Schrecken versetzt, bin die Bäuerin, die in der Pariser U-Bahn verloren ist. Ein Zeitungs- und Zigarrenladen, Western Union, Frisiersalon, *writing room*, wo Stenotypistinnen nach dem Diktat der Gäste schreiben – Club, Büro, Warteraum, Verkaufsgeschäft: alles in einem. Um mich herum ist der ganze Komfort des täglichen Lebens, aber ich weiß nichts mit ihm anzufangen, die kleinste Kleinigkeit wird zum Problem: wie frankiere ich meine Briefe? Und wo sind sie einzuwerfen? Dieses Flügelschlagen neben dem Aufzug, diese hellen Blitze, ich hielt sie beinahe schon für Halluzinationen. Hinter einer Glasplatte fallen Briefe von der 25. Etage bis in die Tiefen des Kellergeschosses; das ist der Briefkasten. Bei dem Zeitungshändler steht ein Automat, der Briefmarken ausspuckt. Aber ich bringe das Kleingeld durcheinander. Ein Cent ist für mich gleichzeitig ein Sou und ein Centime, 5 Cent sind also 5 Centimes, aber gleichzeitig auch 5 Sous, also 25 Centimes. Zehn Minuten lang versuche ich vergeblich zu telefonieren: alle Apparate werfen den Nickel aus, den ich hartnäckig immer wieder in den Schlitz stecke, der für Fünfundzwanzig-

Cent-Stücke bestimmt ist. Niedergeschlagen bleibe ich in einer der Kabinen sitzen. Ich habe Lust, mein Vorhaben aufzugeben, ich verfluche diesen teuflischen Apparat. Aber schließlich kann ich mich ja nicht auf ewig einschließen. Ich bitte den Angestellten der Western Union, mir zu helfen, und diesmal bekomme ich Antwort. Am anderen Ende des Drahts vibriert die Stimme ohne Gesicht: ich muß antworten. Man erwartet mich nicht, und ich habe nichts zu bieten. Ich sage nur: «Ich bin da.» Auch ich habe kein Gesicht, ich bin nur ein Name, den gemeinsame Freunde weitergegeben haben. Ich sage noch: «Ich möchte Sie gern sehen.» Das ist nicht einmal wahr, und sie wissen es. Ich will sie gar nicht sehen, denn ich kenne sie nicht. Und doch sind die Stimmen beinahe freundschaftlich und natürlich. Schon diese Natürlichkeit stärkt mich, als ob sie Freundschaft wäre. Aber nach drei Anrufen schließe ich mit glühheißen Wangen mein Büchlein.

Ich gehe in den Frisiersalon, und dort fühle ich mich schon etwas heimischer. Diese Salons gleichen sich in allen Städten, die ich kenne: es ist der gleiche Geruch, es sind die gleichen metallischen Trockenhauben – die Kämme, Puderquasten und Spiegel sind völlig unpersönlich. Den Händen überlassen, die meinen Schädel massieren, bin ich schon kein Phantom mehr: zwischen diesen Händen und mir besteht eine lebendige Verbindung – das ist wirklich mein eigenes, leibhaftiges Ich. Aber selbst dieser Augenblick ist nicht völlig alltäglich. So muß ich zum Beispiel dem jungen Mädchen, das mich frisiert, nicht die Haarnadeln, eine um die andere, reichen: sie kleben an einem Magneten, den das Mädchen am Handgelenk trägt, und ein Magnet zieht sie auch wieder heraus, wenn die

Haare wieder trocken sind. Dieses kleine Spiel entzückt mich.

Alles entzückt mich, sowohl die unvorhergesehenen als auch die vorgesehenen Visionen. Ich wußte nicht, daß in den eleganten Vierteln vor den Häusern grünliche Baldachine, jeweils mit einer dicken Nummer versehen, bis auf den Gehsteig hinausragen und auf diese Weise irgendeinen Empfang anzeigen. Ein Portier steht auf der Schwelle, so daß jedes Haus einem Hotel oder einer Bar ähnelt. Auch der Hauseingang ist von betreßten Portiers bewacht und gleicht dem Empfangsraum eines Palast-Hotels. Den Fahrstuhl bedient ein Angestellter: nicht ganz leicht, heimliche Besucher zu empfangen. Andererseits sah ich im Kino oft Häuser ohne Portier, so wie in Frankreich in der Provinz. Man geht durch eine erste Glastür und stößt auf eine Reihe von Klingeln, eine für jeden Mieter; jeder hat auch seinen Briefkasten. Man klingelt, und jetzt öffnet sich eine zweite Glastür. Ich habe auch die breiten, flachen Klingelknöpfe wiedergefunden, die mir im Film aufgefallen waren, ebenso den dumpfen Klang, dumpfer als die französischen Klingeln. Was mich verwirrt, ist: daß diese Filmaufmachung, an die ich nie recht hatte glauben wollen, tatsächlich wahr ist.

So viele winzig kleine Überraschungen verleihen den ersten Tagen einen ganz besonderen Reiz. Nichts langweilt mich. Gewiß, dieses geschäftliche Mittagessen in einem Restaurant der 40. Straße ist absolut freudlos; mit seinen Teppichen, Spiegeln und Kronleuchtern gleicht dieses elegante Lokal einem Teesalon in einem Warenhaus, und selbstverständlich ist es überheizt. Aber mein Martini, mein Tomatensaft schmeckt nach Amerika: auch dieses Essen hat immer noch etwas Weihevolles.

Aber auch für diesen Reiz muß man bezahlen, und die Fremdheit, jeden einzelnen Augenblick verwandelt, stellt mir Fallen. Es ist schönes Wetter und ich will am East River entlang spazierengehen. Aber der *drive*, jener breite, erhöhte Fahrdamm längs des Flusses, ist nur für Autos reserviert. Ich versuche zu mogeln und gehe hart an der Mauer entlang. Aber es ist schwer, in Amerika zu mogeln; das Räderwerk greift präzis ineinander, es dient dem Menschen – vorausgesetzt, daß dieser sich gefügig einordnet. Auf dieser Art von Autorennbahn sausen die Wagen im Sechzig-Meilen-Tempo gefährlich dicht an mir vorbei. Am Ufer ist ein Platz für Fußgänger, die dort spazierengehen, aber es scheint unmöglich, dorthin zu gelangen. Ich nehme einen Anlauf, erreiche die Linie, die die beiden entgegengesetzten Ströme trennt, dort aber muß ich lange stehen, aufgepflanzt wie ein Kandelaber, und abwarten, bis eine kleine Lücke mir gestattet, diesen Leidensweg zu vollenden. Eine Einfassung muß ich noch überspringen, ehe ich in Sicherheit bin. Unter meinem Wintermantel, der für diese Sonne zu schwer ist, bin ich erschöpfter als nach einer Bergbesteigung. Einige Augenblicke später werde ich gewahr, daß es Passagen für Fußgänger unter dem *drive* gibt und daß auch Brücken über ihn hinwegführen.

Der Fluß riecht nach Salz und Gewürzen. Menschen sitzen auf Bänken in der Sonne: Pennbrüder und Neger. Kinder auf Rollschuhen gleiten über den Asphalt, rennen gegeneinander an, schreien. Am Rand des *drive* werden billige Wohnhäuser gebaut. Diese gewaltigen, sich nach oben verjüngenden *buildings* sind häßlich. Aber weiter hinten sehe ich die hohen Türme der Stadt und jenseits des Flusses Brooklyn. Inmitten des Krachs der Rollschuhe setze ich mich auf eine Bank, ich sehe nach Brooklyn hinüber und fühle mich glücklich. Brooklyn existiert, auch Manhattan mit seinen Wolkenkratzern, und am Horizont das ganze Amerika. Ich selbst existiere nicht mehr. So ist es. Ich begreife, was ich hier gesucht habe: diese Fülle, die man nur in der Kindheit oder in der ersten Jugend kennt, wenn man sich selbst zugunsten anderer Dinge einmal völlig ausschalten kann. Gewiß, auch bei anderen Reisen habe ich diese Freude genossen, aber sie war flüchtig. In Griechenland, in Italien, Spanien und Afrika blieb Paris für mich das Herz der Welt, Paris war nie völlig aus mir gewichen, ich selbst war immer in meiner Haut geblieben.

Paris hat seine Hegemonie verloren. Ich bin nicht nur in einem fremden Land, ich bin in einer anderen Welt gelandet, in einer selbständigen, abgesonderten Welt; ich berühre diese Welt – sie ist da. Sie wird mir geschenkt werden. Nein, sie wird mir nicht geschenkt werden, sie existiert in einer so blendenden Augenscheinlichkeit, daß es mir nicht in den Sinn kommt, sie in meine Netze einzufangen – es wird eine Offenbarung sein, die ihre Vollendung jenseits der Grenzen meiner eigenen Existenz finden wird. Mit einem Schlag bin ich befreit von der Sorge um jenes monotone Unternehmen, das ich mein Leben nenne. Ich bin nur noch das bezauberte Bewußtsein, durch welches hindurch das souveräne Objekt sich entschleiern wird.

Ich bin lange gelaufen. Als ich an die Brücke kam, war die Sonne ganz rot, das Gitterwerk der metallischen Brücke stand gegen den flammenden Himmel. Durch das Eisennetz hindurch sah ich die hohen, viereckigen Türme der Battery; der horizontale Schwung der Brücke, der vertikale Höhenflug der Wolkenkratzer, welch ein Stelldichein! Und ein glorreiches Licht krönte diese kühne Vision.

Ich habe um 18 Uhr eine Verabredung im *Plaza,* 59. Straße. Ich steige zur Hochbahn hinauf, sie ist rührend wie ein Erinnern, kaum breiter als eine Schmalspurbahn in der Provinz; die Wände sind aus Holz, man könnte meinen: eine Haltestelle auf dem Land. Auch die Drehtür ist aus Holz, aber sie dreht sich automatisch – kein Angestellter: man passiert sie mit Hilfe eines Nickels, jenes magischen Geldstücks, das die Telefonapparate in Bewegung setzt und auch die Türen jener stillen Klausen öffnet, die man hier schamhaft *restrooms* nennt. In Höhe der ersten Etage fahren wir über die Bowery dahin. Wir sausen an den Stationen vorbei – da ist schon die 14. Straße, dann die 35., die 42. – ich warte auf die 59., aber wir fliegen an ihr vorbei; 70., 80. Straße, wir halten gar nicht mehr. Unter uns sind alle Lichter entzündet, das ist wieder jenes nächtliche Fest, das ich aus Himmelshöhen sah: Kinos, Bars, *drugstores,* Karusselle. Ich fliege durch einen wunderbaren Lunapark und selbst die kleine Hochbahn ist eine Jahrmarktsattraktion. Wird sie noch einmal halten? Wie groß ist doch New York…

Ich war in einen *express* gestiegen. An der nächsten Station steige ich aus und nehme einen *local.* Ich warte lange in der parfümierten, überheizten *hall* des *Plaza;* die Umgebung ist die gleiche wie in dem Restaurant heute mittag: zuviel Spiegel, zuviel Teppiche, Behänge und Kronleuchter. Ich bin erstaunt, wie lange ich warten muß, und plötzlich bemerke ich, daß ich im *Savoy Plaza* bin: mein Rendezvous

▶ Die 9th Avenue Hochbahn im Winter, 1940

NEW YO
SAVING
BANK

ist gegenüber. Ermüdet, durcheinandergebracht und betäubt von so vielen Entdeckungen und Irrtümern, setze ich mich an die Bar des *Plaza*, zu meinem Glück hatte man auf mich gewartet. Der Martini bringt mich wieder zu mir. Der große, in schwarzer Eiche möblierte Saal ist überheizt, überfüllt. Ich sehe mir die Leute an. Überraschend sind die Frauen. Auf ihren gepflegten, in tadellose Wellen gelegten Haaren tragen sie wahre Blumenbeete und Vogelhäuser. Die meisten Mäntel sind aus Nerz, die umständlich drapierten Kleider sind mit glänzenden Pailetten übersät und mit schweren, wert- und phantasielosen Edelsteinen besetzt. Alle tragen weit ausgeschnittene Schuhe mit sehr hohen Absätzen. Ich schäme mich meiner Schweizer Schuhe mit Crêpesohlen, auf die ich so stolz war. Ich habe an diesem winterlichen Tag auf der Straße nicht eine einzige Frau mit flachen Absätzen gesehen; keine hatte den freien, sportlichen Gang, den ich bei den Amerikanerinnen erwartete. Alle tragen Seide, keine Wolle, alle tragen Federn, kleine Schleier, Blumen, Putz. Zuviel Schmuck, zu viele Spiegel und Behänge; zum Essen zu viele Soßen und zuviel Sirup, und überall zuviel Hitze. Auch der Überfluß ist eine Geißel.

Gestern habe ich mit Franzosen bei D. P. zu Abend gegessen. Heute abend esse ich bei Franzosen. Und nach dem Essen nimmt mich B. C., Französin, in ein paar Bars mit. Wenn ich mit Franzosen zusammen bin, empfinde ich dieselbe Enttäuschung wie in meiner Kindheit in Gesellschaft meiner Eltern: nichts war völlig wahr – zwischen den Dingen und mir stand eine Glaswand, die Vögel schienen im Käfig zu sitzen, die Fische schwammen im Aquarium und die Schimpansen waren ausgestopft. Und ich wünschte doch so sehnlichst, die Welt in Freiheit zu sehen... Ich mach mir nichts aus Whisky, nur die Glasstäbchen, mit denen man ihn aufrührt, habe ich gern. Aber gefügig trinke ich bis 3 Uhr morgens Scotch, denn der Scotch ist einer der Schlüssel zum Herzen Amerikas. Und ich will dahin gelangen, die Glaswand zu zertrümmern.

28. Januar

Ich habe einen Vortrag vorzubereiten. Ich installiere mich an einem Schreibtisch des Schreibsalons. Man hört das Murmeln der Stimmen, die den Tippmädchen diktieren, und das Geklapper der Schreibmaschinen. Es ist friedlich und traurig, man könnte glauben, man sei im *Bon Marché*. Ich beschließe, mich in einer Bar niederzulassen, wie man sie rings um den Central Park findet. Ich liebe sie nicht besonders: sie gehören zu den großen Hotels und atmen die gleiche weichliche und respektable Atmosphäre wie die *hall* mit ihren Luxusauslagen. Obwohl man Alkohol serviert, muß ich doch an die Teesalons für alte Damen denken: hier hat der Whisky die ganze Unschuld eines Fruchtsafts – hier passiert nichts. Aber sie üben einen Zauber auf mich aus: die Freunde, die ich so um ihre Amerika-Reisen beneidete, hatten mit dem ganzen Stolz der Eingeweihten von Sherry Netherland oder *Café Arnold* gesprochen. Ich folge ihren Spuren. Ich habe keine eigene Vergangenheit und pumpe mir die ihre. New York gehört ihnen noch, ich bin nur eine Neuangekommene, und es will schon viel besagen, daß ich mich in ihre Intimität einschleiche. Ich bin bescheiden wie eine, die man in letzter Minute eingeladen hat.

Es ist hier nicht Sitte, in einem Raum zu arbeiten, in dem man trinkt. Hier ist alles spezialisiert. In einem Raum, wo getrunken wird, muß man trinken. Sowie mein Glas leer ist, erscheint dienstbeflissen der Kellner. Trinke ich es nicht schnell genug aus, so umschleicht er mich mit einem leichten Vorwurf in den Zügen. Der Whisky schmeckt mir heute gar nicht so schlecht. Aber es erscheint mir doch vernünftiger, vor dem vierten Glas zu gehen.

Ich spreche vor einem französischen Publikum. Ich trinke einen Cocktail bei einer Französin, alle Gäste sind Franzosen mit Ausnahme von zwei Amerikanern, die französisch sprechen. Und dabei bin ich hier keineswegs in einem kolonisierten Land, wo die Sitten den Umgang mit den Eingeborenen untersagen – im Gegenteil: wir sind das, was man hier eine Kolonie nennt. Ich möchte da gerne raus und bin freudig erregt, als ich zu A. M. komme, der mich zum *dinner* eingeladen hat: endlich komme ich in ein amerikanisches Haus! Aber abgesehen von Richard Wright, den ich von Paris her kenne und dem ich hier zu meiner Freude wieder begegne, sind alle Gäste Franzosen. Sogar Leute von der Botschaft sind da, und alles spricht in einem sehr offiziellen Ton französisch über Frankreich.

Alle diese Franzosen, die ich treffe, bemühen sich, mir Amerika auseinanderzusetzen, und ich muß mir ihre Erfahrungen zunutze machen. Fast alle vertreten einen extremen Standpunkt: entweder hassen sie das Land und warten nur darauf, es verlassen zu können – oder aber sie beweihräuchern es mit jenem Übereifer, den unsere Kollaborateure Deutschland gegenüber an den Tag legten.

Zur letzteren Gattung gehört der Universitätsprofessor R. Kaum daß er mir die Hand geschüttelt hat, muß ich ihm schon «versprechen», nichts über Amerika zu schreiben: dies ist ein so hartes, so widerspruchsvolles Land, daß es einem auch nach zwanzig Jahren noch nicht gelingt, es voll zu verstehen – es ist beklagenswert, es obenhin zu kritisieren, wie es gewisse Franzosen tun –, Amerika ist zu riesig, als daß auch nur das Geringste, was man über das Land sagen könnte, einer Wahrheit entspräche. Jedenfalls muß ich ihm «versprechen», nichts über die Farbigen zu schreiben – das ist ein schmerzliches und schwieriges Problem, über das man sich erst dann eine Meinung bilden kann, wenn man ein ungeheures Tatsachenmaterial zusammengetragen hat, und das erfordere mehr als die Dauer eines Menschenlebens. Und warum übrigens ist man in Frankreich so sehr auf die Negerfrage versessen? Ist nicht das geistige und künstlerische Schaffen der Weißen weit wertvoller? Selbst die Musik der modernen weißen Komponisten hat einen höheren Wert als der Jazz.

V. ist Antiamerikaner und erklärt mir voller Verachtung, daß seine Haltung die einzig mögliche für einen Franzosen ist, der in diesem Land lebt: wenn er sich nicht fügsam unterordnen müßte, so würde er in einem Dauerzustand von Revolte und unerträglichem Haß leben. Keiner der europäischen Werte ist hier anerkannt; und V. anerkennt keinen einzigen der amerikanischen Werte. Die Atmosphäre des Alltags erscheint ihm nicht atembar, New York verabscheut er.

Die Haltung R.s ist mir durch ihre Unterwürfigkeit höchst zuwider, übrigens war er während des Kriegs Pétain-Anhänger: der geborene Kollaborateur. Andererseits weigere ich mich, zu glauben, daß es in diesem Land nichts Anziehendes geben sollte. New York hat mein Herz im Sturm genommen. Gewiß, in beiden Lagern sagt man mir: «New York ist nicht Amerika.» V. fällt mir auf die Nerven, wenn er erklärt: «Wenn Sie New York lieben, dann nur deshalb, weil es eine europäische Stadt ist, die sich an den Rand dieses Kontinents verirrt hat.» Dabei ist es allzu einleuchtend, daß New York nicht Europa ist. Aber noch mehr hüte ich mich vor P., einem anderen proamerikanischen Pétain-Anhänger, wenn er der «Fremden- und Judenstadt» New York die idyllischen Dörfer New Englands gegenüberstellt, wo Bauern leben, die hundertprozentige Amerikaner sind, und wo noch patriarchalische Sitten herrschen. So hat man uns allzuoft von dem «wahren Frankreich» gesprochen, das man dem korrupten Paris gegenüberstellte.

Noch habe ich nicht mitzureden, ich kann nur zuhören. Ich denke nur, daß Amerika eine Welt ist und daß man *eine* Welt so wenig akzeptieren oder zurückweisen kann, wie man *die* Welt akzeptieren oder zurückweisen kann. Es handelt sich darum, hier seine Freundschaften und seine Feindschaften zu wählen, hier seine Pläne und seine Revolten durchzufechten. Amerika – das ist ein Stück des Erdballs, hat eine Politik, eine Zivilisation, hat Klassen, Rassen, Sekten und Einzelmenschen; hier gibt es Diebe und Polizisten, Ingenieure und Künstler, Unzufriedene und Zufriedene, Ausbeuter und Ausgebeutete. Ich weiß sehr wohl, daß Liebe gegen Haß und Haß gegen Liebe stehen wird.

29. Januar

ICH BIN WIEDER SPÄT zu Bett gegangen. Aber irgend etwas ist in der Luft von New York, das den Schlaf überflüssig macht: vielleicht schlägt das Herz hier schneller als anderswo. Herzkranke schlafen wenig, und viele New Yorker sterben am Herztod. Ich jedenfalls bin recht glücklich über diesen Zustand: die Tage scheinen mir zu kurz.

Das erste Frühstück im *drugstore* an der Ecke ist ein Fest. Orangensaft, Toasts, Milchkaffee – das ist immer wieder ein Vergnügen. Auf meinem Drehsessel nehme ich einen Augenblick lang am amerikanischen Leben teil: mein Alleinsein trennt mich nicht von meinen Nachbarn, die auch allein frühstücken; aber es ist mehr die Freude, zu ihnen zu gehören, die mich isoliert: sie frühstücken nur, sie nehmen am Fest nicht teil.

In Wirklichkeit ist alles Fest für mich. Die *drugstores* zum Beispiel faszinieren mich: jeder Vorwand ist mir recht, hineinzugehen. Sie sind für mich die ganze amerikanische Exotik. Ich hatte eine falsche Vorstellung von ihnen: bald hatte ich die langweilige Vision einer Apotheke, und bald – wegen des Wortes *soda-fountain* – stellte ich mir einen Zauberspringbrunnen vor, aus dem ganze Fluten von *ice-cream*, rosa und weiß, quellen. In Wahrheit sind sie die Nachfahren der alten Basare der Kolonialstädte und Niederlassungen des Far West, wo die Pioniere vergangener Jahrhunderte Arzneien, Lebensmittel, Handwerkszeug und alles zum Leben Notwendige vorfanden. Sie sind gleichzeitig primitiv und modern, was ihnen jene spezifisch amerikanische Poesie verleiht. Alle Gegenstände haben eine gewisse Familienähnlichkeit: den gleichen billigen Glanz, die gleiche bescheidene Heiterkeit. Die Bücher mit den cellophanierten Einbänden, die Zahnpastatuben, die Bonbonschachteln – sie alle sind von der gleichen Farbe. Man hat den vagen Eindruck, daß die Lektüre nach Zucker schmecken wird und daß die Bonbons Geschichten erzählen werden. Ich kaufe Seifen, Hautcreme, Zahnbürsten. Die Hautcreme ist wirklich fetthaltig und die Seifen schäumen wirklich: diese Ehrlichkeit ist ein Luxus, den wir bereits vergessen hatten. Sowie man aber von dieser Norm abweicht, wird die Qualität der Erzeugnisse ungewisser. Gewiß, die Geschäfte der 5. Avenue tragen auch dem verwöhntesten Geschmack Rechnung, aber diese Pelze, diese Schneider von internationaler Eleganz sind ein Reservat der kapitalistischen Internationale. Was nun die demokratischen Läden betrifft, so erregen sie zunächst durch ihren Überfluß und ihre schillernde Verschiedenartigkeit unser Entzücken; die Herrenoberhemden sind schön, über die Schlipse kann man geteilter Meinung sein, die Handtaschen und Damenschuhe sind ausgesprochen häßlich, und aus dieser verschwenderischen Fülle von Kleidern, Blusen, Röcken und Mänteln hätte es eine Französin schwer, eine Auswahl zu treffen, ohne ihren guten Geschmack zu verletzen. Und sehr bald stellt man fest, daß unter der bunten Hülle alle Schokoladen den gleichen Erdnußgeschmack haben und daß alle *bestsellers* die gleiche Geschichte erzählen. Und warum gerade diese eine Zahnpasta wählen? Diese unnütze Überfülle hat einen Nachgeschmack von Mystifikation. Da gibt es tausend Möglichkeiten – und es bleibt doch immer die gleiche. Du hast eine tausendfache Auswahl – und eine ist soviel wert wie die andere. So kann der amerikanische Bürger von seiner Freiheit im Innern des ihm auferlegten

Lebens Gebrauch machen, ohne darauf zu kommen, daß dieses Leben selbst nicht frei ist.

Ich allein bleibe vor den Auslagen stehen, dabei sind diejenigen, die Dalí entworfen oder inspiriert hatte, wirklich bemerkenswert: diese Handschuhe, die wie Vögel zwischen den Bäumen fliegen, diese Schuhe zwischen den Algen – selbst in Paris gibt es nur ein oder zwei Geschäfte mit Auslagen dieser Art. Wenn man Eintritt bezahlen müßte, um dieses Modeschauspiel zu bewundern, wäre kein Platz zu haben; aber das Schauspiel kostet nichts, und nicht einmal die Frauen, die vorübereilen, schauen in die Auslagen: alles rennt mit Riesenschritten einem Ziel entgegen. Andere, etwas phantasielosere Auslagen erinnern an die weihnachtlichen Schaufensterdekorationen der großen Warenhäuser: da sieht man den Broadway zu verschiedenen Zeitaltern, elegante Frauen im Kostüm von 1900 steigen unter einer altmodischen Straßenlaterne in eine Kalesche. Als wirkliche Touristin amüsiert mich das alles.

Den Nachmittag und den Abend verbringe ich mit alten Freunden, die 1940 nach New York geflüchtet sind, Rotspanier. Ich weiß, daß für viele Flüchtlinge Amerika nur ein Exil gewesen ist, das sie nicht geliebt haben. Auch diese hier lieben es nicht. Sie sagen: das Leben in New York ist grausam für die Entwurzelten, Armen.

C. L. ist Maler und hat in Berlin, in Madrid und Paris – wie viele Künstler – in einer Art Halbelend gelebt. Aber in Europa hatte die Armut nichts Entehrendes; einem vermögenslosen Künstler stand das Bohème-Leben mit all seinen Möglichkeiten und Freundschaften offen: borgte man ihm Geld, so erwies man ihm eine Gefälligkeit, wie sie unter Freunden durchaus natürlich ist. Hier, sagt C., läßt man dich zwar nicht Hungers sterben, aber das Abendbrot, das man dir spendiert, das Geld, das man dir vorschießt, sind Almosen, die mit Verachtung gewährt werden und eine Freundschaft unmöglich machen. Selbst jetzt, wo sie ihre materielle Lage verbessert haben, leben meine Freunde in fast völliger Isolierung: es gibt keine Cafés oder Salons, in denen die Intellektuellen sich treffen, jeder lebt von jedem getrennt. Und die Entfernungen sind so groß, sagt mir S. L., daß man es sich nach einem arbeitsreichen Tag sehr überlegt, noch eine Stunde U-Bahn zu fahren, um sich zu sehen. Es gibt Leute, die wir gern besuchen würden, aber wir müssen uns darauf beschränken, von Zeit zu Zeit eine telefonische Unterhaltung mit ihnen zu führen: Konservenfreundschaften, die all ihre Frische verlieren, so wie die in Eisblöcken erstarrten Erdbeeren. Unter diesen Bedingungen, ohne Kameraden, ohne Antrieb, ist das künstlerische Schaffen eine besonders undankbare Sache. Ein unbekannter Maler kann weder das Interesse der anderen Maler, die ihn nicht kennen, noch dasjenige des aufgeklärten Publikums erregen – da es kein aufgeklärtes Publikum gibt. Ein Künstler, der bekannt werden will, hat kaum eine andere Chance, als sich einem Reklamefachmann anzuvertrauen. Ein solcher hat C. seine Dienste angeboten, und zwar hat er ihm drei Vorschläge unterbreitet: ein wenig Reklame, viel Reklame, eine Riesenreklame. Bei Nummer drei ist der Erfolg garantiert, sagt der Agent; Nummer zwei verspricht nur einige Aussichten. Aber selbst Nummer eins – die völlig zwecklos ist – ist für einen Maler, der nichts verkaufen kann, immer noch viel zu teuer.

Wir kommen aus einem französischen Restaurant, wo wir eine Ente à l'orange gegessen haben, die einem Vorkriegs-Paris Ehre gemacht hätte; ich bin entzückt von der Schönheit der großen Avenuen unter einem Neonlichthimmel. Meine Freunde seufzen. Sie denken an Madrid, wohin es kein Zurück mehr gibt, an Paris, wo sie weder Wohnung noch Arbeit haben. Und ich fühle, daß New York auch ein Gefängnis sein kann.

30. Januar

Ich erforsche New York, Viertel um Viertel. Gestern war ich an den Ufern des Hudson und am oberen Broadway. Heute bin ich zwei Stunden lang den East River heraufgelaufen, dann war ich im deutschen Viertel, rund um die 90. Straße. New York schenkt mir die ganze Wonne einer Gebirgstour: Wind, Himmel, Kälte, Sonne, Müdigkeit. Wenn ich am Nachmittag um fünf Uhr in mein Hotel zurückkomme, bin ich so viel gelaufen und habe so viel gesehen, daß ich mich wie vergiftet fühle. Meine Beine tragen mich nicht mehr, aber meine vom Sehen ermüdeten Augen wollen immer noch mehr sehen. Neben meinem Hotel wird *Henri V.* mit Laurence Olivier gegeben, ich gehe hinein.

Der Film hat mir gut gefallen, aber beim Verlassen des Kinos fühle ich mich nicht befriedigt: diese bunten Bilder haben mir nichts von Amerika erzählt. Indem ich sie sah, vergaß ich New York. Heute abend, stärker als an anderen Abenden, habe ich das Verlangen, die Stadt zu fassen – mit meinen Händen, meinen Augen, meinem Mund, irgendwie werde ich sie fassen. Ich laufe durch dieselben Straßen, die ich Sonnabend abend als Phantom durchlaufen habe. Jetzt habe ich Gestalt angenommen. Ich höre die Geräusche vom Times Square; ich sehe auf einem Riesenplakat den runden Mund des Rauchers, der echte Rauchringe ausstößt; ich streife die Leute, sie sehen mich. Und rund um mich ist die Stadt ein organisches Wesen geworden. Ich weiß, wo mein Hotel liegt. Das Haus unserer spanischen Freunde, das Haus von D. P. sind freundliche Wegweiser geworden. Von der 125. Straße bis zur Battery habe ich viele Straßen durchforscht … Sonnabend machte mich meine völlige Ahnungslosigkeit glücklich – heute abend bin ich stolz auf mein Wissen: so wächst man über sich selbst hinaus.

Ich gehe langsam. Ich wollte diese Lichter um meinen Hals schlingen, wollte sie liebkosen, verschlingen. Nun sind sie da – und was soll ich mit ihnen anfangen? Meine Hände, mein Mund, meine Augen haben keine Macht über diese Nacht. Da sind Bars und Restaurants: ich habe weder Durst noch Hunger. Da sind Geschäfte: aber nichts, was man dort kaufen kann, wird New York in meine Hände liefern. Ein Buch würde mich von New York entfernen. Rund um den Times Square herumzulaufen ist ebenfalls unnütz. Die Menschen scheinen alle so zu laufen wie ich – aber alle haben ein Ziel, die Nacht führt sie dem ersehnten Stelldichein entgegen. Ich ersehne nichts, nur einen Mythos: New York, das überall und nirgends ist.

Ich gehe in ein anderes Kino. Das Schwarz-Weiß der Leinwand ist Morphium für mich, und der amerikanische Dialekt der Schauspieler regt mich auf. Ein amüsanter Film: *The Lady in the Lake*, aber als ich das Kino verlasse, bin ich aufs neue enttäuscht – ich habe wieder New York vergessen. Eine lange Zeit war es der Film, der mir Amerika bedeutete, und ich erinnere mich, mit welch freudiger

Erregung ich im August 1941 in Marseille wieder amerikanische Filme sah, nachdem ich «schwarz» über die Demarkationslinie gegangen war. Damals sah ich mir täglich drei amerikanische Filme an. Aber jetzt bin ich in Amerika, und es gelingt mir nicht, ein zusammenfassendes Bild zu gewinnen. Ich trinke einen Orangensaft in einem *drugstore*, dann in einer Bar einen Whisky: wenn Amerika fern wäre, vielleicht würde es der Geschmack des Scotch mit einem Schlag wieder vor meinem Gedächtnis erstehen lassen – hier aber hat er keine Macht über mich, und wie könnte etwas wieder vor mir erstehen, das ich nicht gefunden habe? Ich gehe noch einmal ins Kino, diesmal in eine Wochenschau, nur damit keine fremde Geschichte mich von dem ablenkt, was ich suche; ich brauche das Schwarz-Weiß der Bilder wie ein Rauschgift, ich möchte, daß sie mich fesseln, ohne mich völlig abzulenken. Nach einer Stunde stehe ich wieder auf der Straße. Es ist Mitternacht. Die Stadt liegt unter jener verhexten und nervösen Helle, die die Mitternachtssonne in den weißen Nächten des Nordens verbreitet: man kann unmöglich schlafen gehen. In der 42. Straße zeigen Anschläge in schreienden Farben *thrillings* an. Ich bleibe stehen. Zu beiden Seiten der Kasse deformieren Zerrspiegel die Passanten. Ich gucke in die Spiegel und hätte Lust, Grimassen zu schneiden; Wolken jagen durch meinen Kopf. Ich trete ein. Diesmal gelange ich fast ans Ziel: der Film ist so albern, daß ich denke, das ist New York, ich bin in einem New Yorker Kino. Aber ich habe zu lange auf dieses Vergnügen Jagd gemacht, schnell verfliegt es, ich langweile mich. Mit dieser Langeweile komme ich nicht weiter – es ist zwei Uhr morgens, ich gehe heim.

Was das Alltagsleben in Amerika so angenehm macht, das ist die gute Laune und die Herzlichkeit der Amerikaner. Natürlich hat das auch seine Kehrseiten. Die unaufhörlich wiederholten gebieterischen Aufforderungen, «das Leben von der guten Seite zu nehmen», fallen mir auf die Nerven. Auf den Reklamen, ob sie nun Quaker-Oats, Coca-Cola oder Lucky Strike anpreisen – welch eine Überfülle von schneeweißen Zähnen: das Lächeln scheint ein Starrkrampf zu sein. Das junge, verstopfte Mädchen schenkt ein verliebtes Lächeln dem Zitronensaft, der ihren Därmen Erleichterung verschafft. In der U-Bahn, auf der Straße, auf den Seiten der Magazine verfolgt mich dieses Lächeln wie eine Zwangsvorstellung. In einem *drugstore* las ich auf einem Aushängeschild: *Not to grin is a sin* – nicht lächeln ist eine Sünde. Man fühlt die Vorschrift heraus, das System. *Cheer up! Take it easy!* Dieser Optimismus ist für die soziale Ruhe und das wirtschaftliche Gedeihen des Landes unentbehrlich. Wenn ein Bankier einem jungen Franzosen, der in Verlegenheit ist, großzügig 50 Dollar ohne Sicherheiten leiht, wenn der Manager meines Hotels das leichte Risiko auf sich nimmt, die Schecks seiner Gäste anzunehmen, dann deswegen, weil dieses Vertrauen Voraussetzung einer auf Kredit und Geldumlauf fundierten Wirtschaft ist.

Auch die Liebenswürdigkeit ist genormt. Heute nachmittag ging ich einen Scheck einlösen. Kaum hatte ich die Bank betreten, als mir auch schon ein galonierter Beamter entgegenkam, um mir behilflich zu sein: ich hätte meinen können, er erwarte mich. Er führte mich in eine Art *hall*, wo Schreibtisch neben Schreibtisch stand. Auf jedem Schreibtisch steht ein Schild, das dem Publikum den Namen des Angestellten anzeigt. Ich setze mich und zeige meine Papiere Mr. John Smith: das ist kein anonymes Räderwerk, und ich bin keine anonyme Kundin. Seine Höflichkeit gilt mir, mir persönlich. Er zeichnet meinen Scheck ab, und sofort zahlt mir der Kassierer den mir zustehenden Betrag aus. In Frankreich hätte sich die Nachprüfung meines Schecks jenseits des Schalters, ohne jede Fühlungnahme mit meiner Person und fraglos unfreundlich abgespielt, und ich selbst wäre als einfache Nummer behandelt worden. Natürlich falle ich nicht darauf herein. Diese dem Bürger bezeigte Achtung ist völlig abstrakt: dasselbe höfliche Lächeln, das Mr. David Brown zusichert, daß er eine einmalige Einzelerscheinung sei, wird auch Mr. John Williams – ebenfalls eine einmalige Einzelerscheinung – zuteil; nichts ist universeller als diese jedem einzelnen mit einer gewissen Feierlichkeit zuerkannte Besonderheit. Man wittert die Mystifikation. Diese ihm erwiesenen Aufmerksamkeiten bringen es mit sich, daß der Amerikaner sich nicht aufzublasen braucht, um das Gefühl seiner Menschenwürde zu haben. Die Herzlichkeit der Verkäufer, Angestellten, Kellner und Portiers ist vielleicht Geschäftstüchtigkeit, unterwürfig aber ist sie nie. Sie sind nicht verdrießlich oder steif; und wenn ihre Liebenswürdigkeit auch sehr materielle Ziele verfolgt, so ist sie doch deswegen nicht minder echt. Wir haben die deutschen Soldaten für die Art und Weise, in der sie grausame Befehle ausführten, für verantwortlich gehalten, und in der Tat: der Mensch ist niemals passiv; im Gehorsam verpfändet er seine Freiheit, und wer sich dem Bösen unterwirft, übernimmt es auf eigene Rechnung. Dieses Übernehmen vollzieht sich meist durch Erdichtungen und Initiativen hindurch, die die Verantwortlichkeit klar erkennen lassen. So läßt auch der amerikanische Bürger die Reklame für das Lächeln nicht passiv über sich ergehen: mag auch dieser Optimismus im Grunde kommandiert sein, so ist doch er es, der Bürger, der aus freien Stücken herzlich, vertrauensvoll und großzügig ist; und seine Freundlichkeit ist um so weniger in Zweifel zu ziehen, je weniger er – eigentlich mehr mystifiziert als mystifizierend – an dem Erfolg des Systems interessiert ist. Wie ich auch über die amerikanischen Ideologien denken mag, immer werde ich eine warme Sympathie für die Taxichauffeure, die Zeitungsverkäufer und Schuhputzer empfinden, kurz: für alle, deren Haltung uns Tag für Tag vor Augen führt, daß die Menschen untereinander Verbündete sein könnten. Sie umgibt eine Atmosphäre von Vertrauen, Heiterkeit und Freundschaft. Der liebe Nächste ist nicht a priori ein Feind, und auch, wenn er sich täuscht, wird er nicht sofort für schuldig gehalten. Ein solches Wohlwollen ist in Frankreich sehr selten geworden. Ich bin Ausländerin: das ist hier weder ein Fehler noch eine Überspanntheit. Man lacht nicht über meine kümmerliche Aussprache – man gibt sich um so mehr Mühe, mich zu verstehen. Wenn ich kein Kleingeld habe, um den Taxichauffeur zu bezahlen, unterstellt er mir nicht schlechten Willen: er ist mir behilflich, welches zu beschaffen oder verzichtet großzügig auf ein paar Cents. Für die Taxichauffeure habe ich übrigens eine besondere Zuneigung. Während der ganzen Fahrt unterhalten sie mich, dabei ist es oft schwer, sie zu verstehen; es gibt welche, deren Dialekt sogar die New Yorker außer Fassung bringt. Viele Chauffeure waren während des Kriegs in Frankreich, und so sprechen wir von Paris. Und jedesmal denke ich gerührt: das ist also einer von diesen Männern, die wir mit soviel Freude und Liebe empfangen haben, einer von denen, deren Helm und deren Uniform für uns Befreiung bedeutete. Es ist wunderlich, hier diese namenlosen Soldaten wiederzufinden, jeden mit seinem Namen und seinem Privatleben, welche damals aus einer unerreichbaren Welt kamen, einer Welt, die von unserem Elend getrennt war durch Schranken aus Eisen und Feuer. Sie haben für Paris eine etwas herablassende Sympathie, wie jener Zollbeamte, der mir bei der Ankunft sagte: «Sie kommen aus einem schönen Land, aber Sie kommen in ein noch schöneres.» Seit ich mir einen Schnupfen zugelegt habe, hat ihre Herzlichkeit einen grollenden Unterton angenommen; dabei ist das Klima von New York daran schuld, das übergangslos von warm auf kalt überspringt. In ihren Augen aber schleppe ich mich mit einem jener bedauerlichen Laster aus dem alten Europa herum. Sie fragen mich ernst: «Sie haben einen Schnupfen?» und sind ein wenig skandalisiert. Ein guter amerikanischer Bürger ist nicht krank, und für einen Ausländer ist es eine Unhöflichkeit, sich in New York einen Schnupfen zu holen. Sie empfehlen mir Heilmittel, und einer holt sogar aus seiner Tasche Pillen, die er mir anbietet.

Neulich war ich voller Mißtrauen, sowohl gegen R. als auch gegen V. Ich will kein voreiliges Urteil über Amerika fällen. Aber abgesehen von der Schönheit New Yorks bin ich doch einer Sache ganz sicher: das ist die menschliche Wärme, die im amerikanischen Volk lebt.

Spaziergänge in New York, Gemäldegalerien, Museen – ich bin eine gewissenhafte Touristin. Von Zeit zu Zeit besuche ich einen Verleger, den Direktor eines Magazins, aber auch hierbei bleibe ich immer noch Touristin. Ich betrete zum Beispiel ein großes *building* in der Lexington Avenue und bleibe vor einer ungeheuren Wandtafel stehen, auf der alle Büros des Gebäudes verzeichnet sind. Das Haus ist eine Stadt für sich. Wie in der U-Bahn sind hier die Aufzüge unterteilt in *local,* die die sieben ersten Etagen bedienen, und in *express,* die gleich bis zum achten Stock steigen. Ein geschäftliches Rendezvous ist ein Ausflug. Die Wartesäle sind schöne Aussichtspunkte. Ich liebe es, von der sechzehnten Etage auf die Häuser von New York zu blicken. Die Dächer sind flach, es sind keine eigentlichen Dächer, es sind mehr asphaltierte und zementierte Terrassen. Oft dienen sie als Parkplatz für Autos, und es ist komisch, die glänzenden Wagen, ordentlich in Reih und Glied, in Höhe der sechsten Etage zu sehen.

Ich lasse keine Gelegenheit aus, Amerikaner zu treffen. Gestern abend war ich bei A. M., wo Richard Wright über seine französischen Erfahrungen sprach. Von diesem Vortrag abgesehen, war der Abend ziemlich trübe. Aber ich habe R. C. getroffen, dessen Name in meinem Heftchen steht. Er ist Dichter und Essayist und übersetzt französische Werke ins Amerikanische, mit anderen Worten: er spricht sehr gut Französisch. Heute haben wir zusammen zu Mittag gegessen, wobei er mir den Vorschlag machte, mich zu einer *party* amerikanischer Intellektueller mitzunehmen. Ich greife mit beiden Händen zu. Gegen 19 Uhr komme ich in eine kleine Wohnung in der 20. Straße. Die Wohnung ist voller Bücher, Bilder, Möbel und altmodischer als viele Wohnungen in Paris. Außer R. C. kenne ich niemand, und niemand spricht Französisch: wie bin ich hier gelandet? Ich fühle mich neuerdings als Phantom, das durch die Wände hindurchgeht und die Menschenwelt betrachtet, ohne ihr anzugehören. Das ist zwar magisch, aber enttäuschend – denn kann man sehen, wenn man nicht versteht?

Man reicht mir ein großes Glas Manhattan. Die Herrin des Hauses trägt ein langes schwarzes und rotes Taftkleid, ihre Haare fallen in dicken dunklen Wellen auf ihre Schultern, sie hat die hervortretenden Augen einer Schlafwandlerin. Die Gäste sind weniger befremdlich, aber bei fast allen ist eine gewisse Sucht nach Originalität festzustellen, sei es nun durch eine ulkig geknotete Schärpe, durch ein gewagtes Zusammenspiel von Farben oder durch eine allzu schwere Franse: es ist eine Gesellschaft von Schriftstellern und Künstlern. Alle diese Frauen sind elegant. Die Frau von R. C. bedient in einem *drugstore,* diese junge Frau mit den dunklen Locken arbeitet in der Anzeigenabteilung eines großen Magazins, diese da schreibt Modeberichte. Weder ihre Kleider noch ihr Auftreten lassen im geringsten auf die Härte ihrer Existenz schließen. Bei den Männern weiß ich nicht, auf wen ich meine Blicke richten soll: Gesichter, Gesichter, alle verschieden, aber alle sind für mich ohne Sinn. Das exotische Quaken amerikanischer Stimmen hüllt mich ein. Ich fühle mich verloren. Und doch liegt in diesem Augenblick für mich ein Beginnen, ein Versprechen: ich nehme es nicht hin, daß alle diese Menschen um mich herum mir nichts bedeuten sollen. Ich trinke einen zweiten, einen dritten Manhattan. Auf die Gefahr hin,

Englisch sprechen zu müssen, ich muß eine Plattform für ein Gespräch mit diesen Leuten finden: Amerikaner müssen mich in Amerika einführen.

Nach dem vierten Manhattan spreche ich Englisch mit R. C. und einem Mann mit Spitzbart: D. M. D., der eine Revue für Intellektuelle der Linken herausgibt. Wir sprechen über ein Problem, das zur Zeit in Frankreich die Gemüter der linken Intellektuellen erregt: über das Problem der Gewaltanwendung. R. C. und sein Freund C., ein Italiener, vertreten den Standpunkt, daß die Gewaltanwendung absolut und in jedem Fall zurückzuweisen sei. C. meint, die Aktion sei ohne Gewaltanwendung möglich. Er zitiert das Beispiel Gandhis. R. C. ist eher der Meinung, daß die Aktion nicht notwendig sei. Er ist Jude und kritisiert Amerika scharf. Er betrachtet sich keineswegs als verantwortlich für seine Fehler und sieht nicht ein, warum er versuchen sollte, sie zu bekämpfen. Sein Standpunkt ist rein individualistisch. D. M. D. ist weniger passiv: mit der von ihm herausgegebenen Revue und seinen Artikeln wagt er sich auf ein politisches Gebiet, aber ich glaube, sein Bemühen erscheint ihm selbst sehr einzelgängerisch. Wir geben die theoretische Diskussion auf, und ich erbitte ein paar konkrete Auskünfte. Was muß man in New York sehen? Er lächelt: nichts, es gibt nichts zu sehen. Welche Filme empfiehlt er mir? Keinen. Welche guten Bücher sind in letzter Zeit erschienen? Es erscheinen keine guten Bücher mehr. Er setzt mir auseinander, daß ihm die Vorliebe der Franzosen für die amerikanische Literatur auf die Nerven geht. Er läßt Faulkner gelten, hält aber Hemingway, Dos Passos, Caldwell, Steinbeck für Journalisten, platte Realisten. Und wenn in Frankreich James M. Cain, McCoy und

Dashiell Hammett übersetzt werden, so müssen wir die Amerikaner für einen barbarischen Volksstamm halten. Es ist verwirrend, daß uns dieses Gestammel Spaß macht, nachdem es in Amerika eine Literatur gegeben hat, die der europäischen durchaus ebenbürtig ist: Melville, Thoreau, Willa Cather, Hawthorne. Ich sage, daß auch ich sie liebe, und versuche zu diskutieren, aber er spricht viel zu schnell für mich, ich bin von vornherein geschlagen, besiegt vor allem durch seine Nettigkeit: er wohnt im gleichen Haus, steigt in seine Wohnung hinauf und kommt mit einem ganzen Arm voll Büchern wieder. Ich könne sie behalten, so lange ich wolle. Und als ich ihn unter anderem über den Jazz ausfrage, holt er aus dem Nebenzimmer A. E., der ein Buch über dieses Thema geschrieben hat und verspricht, mir an einem Abend dieser Woche ein gutes Orchester vorzuführen. Er läßt mir seine Telefonnummer, die ich wie einen Talisman in meiner Handtasche verwahre. Bücher, ein versprochener Jazzabend, vielleicht Freunde … Ich gehe heim, ganz benommen vor Freude. Es scheint mir, daß ich einen großen Schritt vorwärts gekommen bin.

2. Februar

Ich setze meine Forschungsreise fort, zu Fuß, im Taxi, auf dem Oberdeck der Autobusse, in der U-Bahn. Die U-Bahn ist schnell, aber ich habe sie nicht gern. In Paris, in Madrid und London ist eine Station eine Fayencehalle mit ihren Verzierungen, ihren Pforten, ein geschlossener, warmer Raum; hier sind die unterirdischen Bahnhöfe gleichförmig, ohne eigentliche Dimension, ein Nebeneinander von Gleisen, Bahnsteigen – zwischen nackten Mauern, unter einer niedrigen dunklen Decke. Keine Beamten, nur am Eingang der langen Korridore ein kleiner Kiosk, wo man Geld wechseln und sich die ortsüblichen Nickel beschaffen kann. Fast keine Richtungstafeln; zum Glück gibt es in Manhattan nur eine Fahrtrichtung, von der oberen in die untere Stadt. Zwischen dem Hudson und dem East River muß man Autobusse nehmen. Sie halten an jedem zweiten Block, ein angenehmes, aber langsames Beförderungsmittel.

Ich bin zur Spitze des Empire State Building hinaufgefahren. Die Fahrkarten kauft man im Parterre in einem Büro, das wie ein Reisebüro aussieht. Ein Dollar, zweimal so teuer wie ein Sperrsitz im Kino. Zahlreiche Besucher, fraglos Leute aus St. Louis und Cincinnati. Man führt uns zu den *expresslifts,* die ohne Halt bis zur 80. Etage fahren. Dort muß man umsteigen, um bis zur Spitze zu gelangen: eine wahre Himmelsreise. Durch eine Vorhalle hindurch, in der Empire State Buildings en miniature und andere Andenken verkauft werden, gelangt man in eine große, mit Scheiben versehene Halle. Dort ist eine Bar mit Tischen und Sesseln. Die Leute drücken ihre Nasen an die Scheiben. Trotz des heftigen Winds trete ich ins Freie und mache die Runde um diese Galerie, die mehrmals im Jahr Schauplatz sensationeller Selbstmorde ist. Ich sehe Manhattan, eng zusammengedrängt im Süden auf der Spitze seiner Halbinsel und sich nach Norden zu verbreiternd. Ich sehe Brooklyn, Queens, Staten Island, das Meer und seine Inseln, ich sehe das von Gewässern zerfressene Festland, durch das zwei Flüsse sich langsam ihren Weg bahnen. Die geographische

Zeichnung ist so klar, das Leuchten des Wassers zeichnet sich mit solcher Deutlichkeit von der festen Erde ab, daß die Häuser in Vergessenheit geraten. New York erscheint mir wie ein Stück unseres jungfräulichen Planeten. Die Flüsse, die Inselkette, die Krümmungen der Halbinsel gehören der Vorgeschichte an. Das Meer ist zeitlos, die schnurgeraden Straßen dagegen machen in ihrer Naivität einen ungemein jugendlichen Eindruck. Diese Stadt ist soeben erst geboren worden – eine leichte Rinde auf Felsen, die älter sind als die Sintflut. Aber wenn von Bronx bis zur Battery, von New Jersey bis Brooklyn die Lichter angehen, sind Meer und Himmel nur noch Hintergrund – es gibt nur noch diese Stadt, in der der Mensch seine Herrschaft errichtet hat, und diese ist die Wahrheit der Welt.

Ich bin in die Tiefen der Stadt hinabgestiegen: lange irrte ich durch die Kellergeschosse des Rockefeller Center. Das ist eine Welt, so unbegrenzt wie die Souks in Fes, und der Wirrwarr ist auch kaum geringer. Lange Korridore, Kreuzwege mit Rolltreppen, Läden, Banken, Büros, Cafés, eine Post, eine Telefonzentrale, Friseursalons, Restaurants. Mehr als einmal ertappe ich mich dabei, daß ich im Kreis herumgelaufen bin. Zwischen den Gebäuden, in Höhe des Kellergeschosses und tiefer gelegen als die Stadt, liegt eine Eisbahn unter freiem Himmel, Passanten beugen sich über ein Geländer, um den Schlittschuhläufern von oben zuzusehen; man kann ihnen auch von einem Café aus zuschauen, das auf gleicher Höhe mit der Eisbahn liegt, und eine *ice-cream* dazu verzehren.

Ich habe die Galerien der 57. Straße besucht, die etwa unserer Rue de la Boétie entspricht: Antiquitäten, Luxusgeschäfte, Kunstgegenstände. Aber die meisten Ausstellungssäle liegen nicht zu ebener Erde, sondern im zehnten oder zwölften Stock. Viele französische Maler: Masson, Picasso, Dubuffet. Die abstrakte Malerei scheint bei den Amerikanern immer noch in hohem Ansehen zu stehen. In der jungen Bildhauerei lebt der Surrealismus weiter. Er hat seinen Mittelpunkt in der Galerie Peggy Guggenheim, die der Architekt Kisler entworfen hat. Diese Galerie ähnelt keiner anderen: der äußere Rahmen ist wichtiger als die Kunstgegenstände selbst. Die Vögel von Brancusi, die Frauen von Lipchitz ruhen nicht auf Sockeln, sondern auf Holzgestellen, die an von der Decke herabhängenden Seilen befestigt sind: man denkt an Takelwerk, Mastkorb, Schiff. Die Bilder von Chirico, Max Ernst, Dalí, Tanguy, Miró hängen nicht an der Wand, sondern stehen auf Staffeleien oder auf dem Fußboden zwischen Stühlen und Hockern, die aus dem Kabinett des Dr. Caligari stammen. Man könnte meinen, die Kunstgegenstände seien dazu da, dieses eigenartige Palais auszuschmücken, und dieses sei nicht dazu da, jenen zu dienen: das verleiht ihm einen ungewohnten Reiz. Neben den Skulpturen und Bildern gibt es allerlei merkwürdige Dinge: Flaschen, die mit Muscheln übersät sind, ein großes Schiffssteuerrad, das beim Drehen eine ganze Serie von Bildern von Duchamp erscheinen läßt. Es ist eine surrealistische Ausstellung in beschränktem Rahmen, mit ihren Possen und ihren kleinen Wundern.

Natürlich wollte ich Harlem kennenlernen. Dies ist nicht das einzige Negerviertel von New York. Es gibt eine bedeutende schwarze Gemeinde in Brooklyn, vier oder fünf kleine Distrikte in Bronx, einen weiteren, Jamaica genannt, in Queens und noch ein paar andere am Stadtrand; im Stadtkern von New York selbst findet man hier und dort Viertel, wo Negerfamilien wohnen. Bis 1900 lag das bedeutendste Negerviertel von New York – von Brooklyn abgesehen – in der Nähe der 57. Straße West. Ursprünglich waren die Häuser von Harlem für weiße Mieter erbaut worden. Aber zu Beginn des Jahrhunderts waren die Beförderungsmittel unzureichend, und die Hauseigentümer hatten Mühe, ihre Häuser, soweit sie im Osten des Viertels lagen, zu vermieten. Einer Anregung des farbigen Immobilienhändlers Philip A. Payton folgend, machte man den Negern den Vorschlag, in die Wohnungen der 134. Straße zu ziehen. Zwei Grundstücke wurden auf diese Weise bezogen, und bald waren es mehr. Anfänglich bemerkten die Weißen diese Invasion von Farbigen gar nicht, und als sie versuchten, sie abzustoppen, war es bereits zu spät. Nach und nach mieteten die Neger alle verfügbaren Wohnungen und begannen, die Privathäuser zwischen Lenox und 7. Avenue aufzukaufen. Nun zogen die Weißen aus: kaum wurde der Einzug einer Negerfamilie in einem Häuserblock gemeldet, ergriffen alle Weißen die Flucht wie vor der Pest. Bald hatten die Neger den ganzen Distrikt besetzt. Es entstanden soziale und bürgerliche Einrichtungen – eine Negergemeinde war im Werden. Vor allem nach 1914 hat Harlem eine bedeutende Ausweitung erfahren.

Diejenigen Franzosen, die das mächtige Amerika auf den Knien anbeten, haben noch unterwürfiger als selbst die Amerikaner alle Vorurteile in sich aufgenommen. Einer von ihnen sagte mir: «Wenn Sie wollen, fahren wir im Auto durch Harlem. Man *kann* im Auto durch Harlem fahren, vor allem aber: gehen Sie nicht zu Fuß!» Und ein etwas

▶ «Rush Hour» in der 5th Avenue, 1950

5th AVE. 57th ST.
2053
2 5th AND 7th AVENUES
2056
530
E. 31 ST.
ONE WAY

2045
2019
CHELSEA
WAREHOUSES
WESTCHESTER
LONG ISLAND
CHELSE
E. 32 ST.
ONE WAY
ROD
E. 33 ST.
TUNNEL
Golden

Beherzterer: «Wenn Sie durchaus Harlem sehen wollen, verlassen Sie auf keinen Fall die großen Avenuen. Wenn etwas passiert, können Sie immer noch in die U-Bahn flüchten. Vor allem aber: Vermeiden Sie die kleinen Straßen.» Und man erzählte mir mit Schaudern, daß man im Morgengrauen erdolchte Weiße in den Abflußrinnen finde. Ich bin in meinem Leben schon an so vielen Orten gewesen, von denen die «Wohlgesinnten» behaupteten, dort *könne* man nicht hingehen, daß ich mich nicht allzusehr beeindrucken ließ: kurz entschlossen machte ich mich auf den Weg nach Harlem.

Ja, ich ging nach Harlem, aber meine Schritte waren nicht so sorglos wie sonst. Es handelte sich nicht nur um einen Spaziergang, sondern um eine Art Abenteuer. Eine Kraft zog mich rückwärts, eine Kraft, die von den Grenzen der Negerstadt ausging und meine Schritte hemmte: die Furcht. Nicht meine eigene: die der anderen, die Furcht aller dieser Weißen, die sich nie nach Harlem wagen und die im Norden ihrer Stadt die Gegenwart einer riesigen, geheimnisvollen, verbotenen Zone fühlen, in der sie zu Feinden wenden. Ich biege um die Ecke einer Avenue und empfinde einen Schock im Herzen: in einem einzigen Augenblick hat sich das Bild der Landschaft geändert. Man hatte mir auch gesagt: «Es gibt nichts zu sehen in Harlem, das ist ein Fleckchen von New York, wo die Leute dunkle Haut haben.» Und wirklich sah ich in der 125. Straße wieder die Kinos, *drugstores,* Läden, Bars und Restaurants der 42. oder der 14. Straße – und doch war die Atmosphäre so verändert, als hätte ich eine Gebirgskette oder einen Meeresarm überquert. Da war auf einmal ein Gewimmel von schwarzen Kindern in leuchtenden Hemden mit roten und grünen Karos, da waren Schulkinder mit gewelltem Haar und braunen Beinen, die schwatzten am Rand des Gehsteigs; Schwarze dösten auf den Türschwellen, andere wieder schlenderten umher, die Hände in den Hosentaschen. Die entspannten Gesichter schienen nicht einer unsichtbaren Zukunft zugewandt, vielmehr spiegelten sie die Welt wider, wie sie jetzt, in diesem Augenblick, unter diesem Himmel war. Und ich fühlte in mir eine fieberlose Heiterkeit aufsteigen, wie sie mir New York bis jetzt noch nicht gegeben hatte. Wenn ich an einer Straßenecke in Lille oder Lyon plötzlich auf die Canebière gestoßen wäre, hätte ich das gleiche Vergnügen empfunden. Aber dieses In-ein-anderes-Land-Versetztsein hatte nicht nur diese pittoreske Seite: nichts war erschreckend, aber die Furcht war da. Sie lastete auf diesem großen Volksfest. Als ich den Fahrdamm überschritt, bahnte ich mir den Weg durch eine dicke Schicht von Furcht – Furcht, die mir diese Kinder mit ihren lebendigen Augen einflößten, diese Schüler, diese Männer in hellen Anzügen und diese Frauen mit ihren trägen Bewegungen.

Die 125. Straße ist eine Grenze. Dort sieht man noch einige Weiße. Aber in der Lenox Avenue kein Gesicht, das nicht braun oder schwarz wäre. Niemand schien mich zu beachten. Der äußere Rahmen war der gleiche wie in den Avenuen von Manhattan, und diese Menschen mit all ihrer Gleichgültigkeit und Heiterkeit schienen nicht verschiedener von den Einwohnern von Lexington als die Marseiller von den Lillern. Ja, man *konnte* durch die Lenox Avenue laufen. Ich fragte mich sogar, was ich denn tun müßte, um schreiend in den Schutz einer U-Bahn-Station zu fliehen: es erschien mir ebenso schwer, hier einen Mord oder eine Vergewaltigung zu provozieren, wie etwa mittags um zwölf mitten auf dem Columbus Circle. In den Köpfen der «Wohlgesinnten» müssen sich merkwürdige Bacchanale abspielen; was mich betrifft, so entmutigt dieser breite, friedliche und fröhliche Boulevard meine Einbildungskraft. Ich warf einen Blick in die kleinen Straßen, deren kleinbürgerliche Ruhe kaum durch ein paar Kinder auf Rollschuhen gestört wurde; die Kinder sahen nicht gefährlich aus.

Ich lief durch die großen Avenuen und die kleinen Straßen. Wenn ich müde war, setzte ich mich in die Anlagen. In Wahrheit konnte mir gar nichts zustoßen, und wenn ich mich nicht restlos sicher fühlte, dann nur wegen der Furcht im Herzen der Menschen, die meine Hautfarbe haben. Wenn ein reicher Bourgeois, der sich in eine ausgehungerte Vorstadt wagt, Furcht empfindet, so ist das natürlich. Er bewegt sich in einer Welt, die der seinigen feind ist und sie eines Tages besiegen wird. Aber Harlem hat seine vollkommene Gesellschaftsordnung mit seinen Bürgern und Proletariern, seinen Reichen und seinen Armen, die sich nicht in einer revolutionären Aktion zusammengeschlossen haben, die wünschen, sich völlig in Amerika einzuleben, und nicht, es zu zerstören. Diese Neger werden nicht plötzlich die Wall Street überschwemmen, sie sind keine unmittelbare Bedrohung. Die unsinnige Furcht, die sie auslösen, kann nur die Kehrseite eines Hasses und einer Art von Gewissensbissen sein. Im Herzen von New York gelegen lastet Harlem auf dem guten Gewissen der Weißen wie die Erbsünde auf dem Gewissen eines Christen. Unter den Menschen seiner Rasse ist Gutmütigkeit, Wohlwollen und Freundschaft der Traum jedes Amerikaners, und er setzt seine Tugenden sogar in die Praxis um; aber sie sterben an den Rändern von Harlem. Der mittlere Amerikaner, so darauf bedacht, mit sich und der Welt im Einklang zu sein, weiß, daß er jenseits dieser Grenze die widerwärtige Figur des Unterdrückers, des Feindes abgibt – und das jagt ihm Furcht ein. Er fühlt sich gehaßt und hassenswert: dieser Stachel in seinem konzilianten Herzen ist unerträglicher als eine festumrissene äußere Gefahr. Es hat in Harlem weniger Verbrechen gegeben als in der Gegend der Bowery. Diese Verbrechen sind nur ein Symbol, nicht das Symbol dessen, was passieren könnte, sondern dessen was passiert, was passiert ist: hier sind Minute für Minute Menschen die Feinde anderer Menschen. Und alle Weißen, die nicht den Mut haben, Bruderschaft zu wollen, versuchen diesen Riß im Herzen ihrer Stadt zu leugnen, Harlem wegzuleugnen und zu vergessen – Harlem ist keine Drohung für die Zukunft, Harlem ist eine Wunde in der Gegenwart, ist eine verfluchte Stadt – die Stadt, in der sie verflucht sind: und ihre Furcht ist, sich selbst an den Straßenecken zu begegnen. Und weil ich eine Weiße bin, lastet dieser Fluch auch auf mir – was ich auch denken, sagen oder tun mag. Ich wage nicht, den Kindern in den Anlagen zuzulächeln, ich fühle mich nicht berechtigt, durch die Straßen zu bummeln, in denen die Farbe meiner Augen Ungerechtigkeit, Hochmut und Haß bedeutet.

Dieses seelische Mißbehagen ist, weit mehr als die Ängstlichkeit, der Grund, weshalb ich glücklich bin, daß mich heute abend Richard Wright ins *Savoy* begleitet; ich werde mich weniger verdächtig fühlen. Er holt mich im Hotel ab, und ich bemerke, daß man ihn in der *lobby* ohne Wohlwollen betrachtet: würde er hier ein Zimmer bestellen, es würde ihm fraglos verweigert werden. Wir essen in einem chinesischen Restaurant zu Abend, denn wahrscheinlich würde man uns in einem *uptown*-Restaurant nicht bedienen. Wright lebt mit seiner Frau – einer Weißen aus Brooklyn – in Greenwich. Sie erzählt mir: wenn sie mit ihrem Töchterchen in ihrem Viertel spazierengeht, so bekommt sie täglich die unfreundlichsten Bemerkungen zu hören. Und während wir nach einem Taxi Ausschau halten, werfen Männer feindselige Blicke auf diesen Neger, der in Gesellschaft von zwei weißen Frauen ist; Chauffeure weigern sich ostentativ, unseren Anruf zu beachten. Wie könnte ich nach alldem noch die Fiktion aufrechterhalten, daß ich mich seelenruhig unter die Bevölkerung von Harlem mischen würde? Ich fühle in mir jene Versteifung, die immer das Zeichen eines schlechten Gewissens ist. Während Wright sich am Eingang des *Savoy* um Eintrittskarten bemüht, werden wir – Ellen und ich – von zwei Seeleuten angesprochen, so wie in der ganzen Welt Seeleute vor einem *dancing* Frauen ansprechen; aber ich fühle mich so geniert wie nie zuvor in meinem Leben – ich werde notgedrungen beleidigend oder zweideutig sein: allein meine Anwesenheit hier ist eine Zweideutigkeit. Mit einem Wort, einem Lächeln bringt Wright alles wieder in Ordnung. Einem Weißen wäre gerade dieses Wort, dieses Lächeln nicht geglückt – die Intervention eines Weißen hätte, auch wenn sie einfach und natürlich gewesen wäre, meine Verlegenheit nur noch gesteigert. Leichten Herzens steige ich die Stufen empor: die Freundschaft Richard Wrights, seine Gegenwart sind heute abend für mich so etwas wie eine Absolution.

Das *Savoy* ist ein großes amerikanisches *dancing*, ohne jede Besonderheit. Auf der einen Seite ist die Tanzfläche abgegrenzt durch eine Wand, an der das Orchester sitzt; auf der anderen Seite sind Nischen mit Tischen und Stühlen, dahinter liegt eine Art *hall*, nicht unähnlich der *lobby* eines Hotels. Der Boden ist mit einem Teppich bedeckt, und Leute mit gelangweilten Gesichtern sitzen auf Sesseln – das sind Gäste, die nichts verzehren. Sie entrichten nur den Eintrittspreis, und zwischen den Tänzen sitzen die Frauen als Mauerblümchen herum wie bei einem Ball auf der Präfektur. Wir nehmen in einer Nische Platz und Wright stellt eine Flasche Whisky auf den Tisch. Whisky wird hier nicht serviert, aber der Gast darf welchen mitbringen. Wir bestellen Soda, wir trinken und sehen uns um. Kein weißes Gesicht. Obwohl man in dieses Lokal ebensogut gehen kann wie durch die Lenox Avenue, wagen sich doch nur einige wenige Jazzenthusiasten und Fremde hierher. Die meisten Frauen sind jung, sie tragen einfache Röcke und kurze Pullover, aber ihre Schuhe mit hohen Absätzen verraten bisweilen einen verschrobenen Geschmack; die mehr oder weniger dunkle Tönung ihrer Haut kleidet ihre nackten Beine besser als Nylonstrümpfe. Viele sind hübsch, vor allem aber machen alle einen lebendigen Eindruck – welch ein Unterschied zu der kalten Aufgeblasenheit der weißen Amerikaner! Und wenn man diese Männer tanzen sieht, deren animalisches Leben nicht unter einem Panzer puritanischer Tugend erstickt worden ist, begreift man, in welchem Umfang sexuelle Eifersucht den Haß nährt, den die weißen, schwerfälligen Amerikaner den Negern gegenüber empfinden. In Wirklichkeit ist der Prozentsatz der Lynchmorde, die ein sexuelles Motiv zum Vorwand nehmen, sehr klein. Aber hartnäckig glauben und sagen die Weißen, daß die Neger hinter den weißen Frauen mit der ganzen Geilheit von wilden Tieren her sind – aber auch damit tarnen sie eine ganz andere Furcht: die Furcht, daß die weißen Frauen «bestialisch» von den Negern angezogen werden; sie sind selbst fasziniert von der Liebesfähigkeit, die sie den Negern unterstellen. Ihr Neid erstreckt sich aber noch weiter. Grollend sagen sie: «Diese Leute sind freier und glücklicher als wir.» Es ist etwas Wahres an dieser Behauptung. Wieviel Heiterkeit, Freiheit und Leben schwingt in dieser Musik, in diesem Tanz! Das berührt mich um so stärker, als dieses große *dancing* etwas Gemütliches und Alltägliches hat. Wenn in der Rue Blomet in Paris die Neger mitten unter den Weißen tanzen, sind sie zu selbstbewußt; vor allem bei den Frauen hat die Zügellosigkeit der Gesten etwas Provozierendes, das leicht ins Obszöne ausartet. Hier sind sie unter sich, sie suchen keinerlei Effekthascherei. Viele dieser jungen Frauen gehören gesitteten Familien an und gehen ohne Frage am Sonntagmorgen in die Kirche. Sie haben den ganzen Tag gearbeitet und suchen hier in Gesellschaft ihrer Freunde eine harmlose Zerstreuung. Sie tanzen so einfach, wie es ihrem Naturell entspricht; es bedarf einer völligen inneren Entspannung, um sich so vollkommen von der Musik und dem Jazzrhythmus einfangen zu lassen; es ist die gleiche Entspannung, ohne die es kein Träumen und keine Rührung gibt, kein zielloses Dahinschlendern und kein Lachen, und die die meisten weißen Amerikaner nicht kennen. Wohlverstanden, die Rasse-Ideologen argumentieren: warum die Lebensbedingungen der Neger ändern, wenn sie freier und glücklicher sind als wir? Dieses alte Argument ist bei kapitalistischen Arbeitgebern und Pflanzern sehr beliebt – immer sind es die Arbeiter, die Eingeborenen, die am freiesten und glücklichsten sind. Wenn aber dem Unterdrückten der Götzendienst des Unterdrückers fremd ist, so genügt dieses Privileg noch nicht, die Unterdrückung zu rechtfertigen.

Ich höre den Jazz, sehe den Tanz, trinke Whisky; ich fange an, den Whisky lieb zu gewinnen. Ich fühle mich wohl. Das *Savoy* ist das größte *dancing* von New York, das heißt: das größte der Welt. In dieser Behauptung liegt etwas, das dem Geist Genugtuung verschafft. Und dieser Jazz ist vielleicht der beste der Welt: jedenfalls kann er nirgendwo seine vollkommenere Bestätigung finden – er findet sie im Tanz, in den Herzen, in dem ganzen Leben der Menschen, die hier versammelt sind. Wenn ich in Paris Jazz hörte, wenn ich Neger tanzen sah, so war der Augenblick niemals restlos vollkommen, er deutete auf etwas anderes, auf eine abgeschlossenere Wirklichkeit, deren unbestimmter Abglanz er nur war – er deutete gerade auf diese Nacht. Hier stoße ich auf etwas, das auf nichts anderes, nur auf sich selbst hindeutet: ich bin aus der Höhle hervorgekommen. Mitunter habe ich in New York jenes Vollgefühl empfunden, das die Betrachtung einer reinen *Idee* dem befreiten Herzen schenkt: dies ist das größte Wunder dieser Reise und nie war es leuchtender als heute.

5. Februar

Während dieser ersten Woche war ich von meiner Entdeckung New Yorks viel zu entzückt, um mich von der Lektüre der Tagespresse und der Wochenschriften deprimieren zu lassen. Aber heute vormittag steigen Wut und Furcht, die ich schon erstickt hatte, wieder in mir auf. Man hatte es mir bereits vorausgesagt, und die allgemeine Orientierung der amerikanischen Politik war mir auch bekannt: aber die Atmosphäre ist noch weit unerträglicher, als man mir gesagt hatte. In erster Linie bemühen sich die meisten Blätter und Magazine – allen voran selbstverständlich die Hearst-Presse –, eine Kriegspsychose zu schaffen. Tag für Tag wiederholen sie, der Konflikt sei unvermeidlich, und es sei notwendig, dem russischen Angriff zuvorzukommen. In einem aufsehenerregenden Artikel hat *Life* sogar erklärt, die Welt befinde sich bereits im Krieg: der Gebrauch der Waffen wird mithin legitim; und im Innern des Landes ist dieser Zustand eines versteckten, eines Kalten Krieges der Anlaß für außergewöhnliche Maßnahmen; die Außenpolitik kann in die Innenpolitik eingreifen. Die kommunistische Partei, wenn auch äußerlich noch anerkannt, ist keine Partei mehr, sondern eine fünfte Kolonne: gegen sie zu kämpfen wird eine nationale Pflicht. Zugleich mit der Kriegspsychose wird der rote Terror propagiert: jeder linksgerichtete Mensch wird als Kommunist und jeder Kommunist als Verräter beschuldigt. Europa ist jetzt schon ein Schlachtfeld, und jede Intervention ist gestattet. Man spricht von Europa wie von einem kläglichen, aber unfügsamen Vasallen – und besonders Frankreich gilt als ein sehr ungehorsames Kind. In der Innenpolitik bereitet der Kongreß fleißig Anti-Arbeiter-Gesetze vor. Gewiß, in einem kapitalistischen Land ist die Freiheit immer eine Täuschung: aber selbst der äußere Anschein einer Demokratie schwindet hier von Tag zu Tag, und von Tag zu Tag tritt die Willkür schamloser hervor. Auf diesem Untergrund zeichnet sich alles ab, was ich lese, höre und sehe. Heute ist es so erdrückend augenscheinlich, daß selbst der Himmel von New York davon verdunkelt wird. Den Luxus der *drugstores*, das Lächeln, das heitere Näseln der Stimmen, die Zigaretten, der Orangensaft – alles hat einen unaufrichtigen Nachgeschmack.

Durch einen glücklichen Zufall habe ich eine gute Gelegenheit, meine ganze Wut zu konzentrieren. Gestern hat mir bei I.C. ein total betrunkener Journalist ein Rendezvous bei der *New York Times* gegeben; es handelt sich um einen geplanten Artikel. Ein Riesen-*building* beherbergt die Zeitung. Ein Aufzug bringt mich zur zehnten Etage. Der Journalist führt mich in das Büro eines großen Direktors. Der große Direktor schwingt in seinem Drehsessel herum. Von der Höhe seiner eigenen und der amerikanischen Macht im allgemeinen wirft er mir einen ironischen Blick zu: also in Frankreich amüsiert man sich mit dem Existentialismus? Wohlverstanden, er hat keine Ahnung vom Existentialismus, seine Verachtung gilt der Philosophie im allgemeinen und noch viel allgemeiner der Vermessenheit eines wirtschaftlich armen Landes, das sich herausnimmt, zu denken. Ist es nicht lächerlich, denken zu wollen, wenn man nicht den Vorzug hat, zu den Köpfen einer großen amerikanischen Zeitung zu zählen – was übrigens vom Denken dispensiert?... «Ja», sagt er, «ihr in Frankreich werft Fragen auf, aber ihr löst sie nicht. Wir stellen keine Fragen – wir lösen sie.» Der Sessel dreht sich und kracht. In Frankreich spielen die Herren dieser Welt einschüchternde Unbeweglichkeit; dieser da spielt Ungezwungenheit. Vielleicht soll seine Betriebsamkeit – wie bei vielen Amerikanern das Kauen des *chewing-gum* – eine etwas störende, innere Unsicherheit maskieren; es scheint mir, daß in diesem Land der Minderwertigkeitskomplex nie sehr weitab liegt, auch wenn er sorgsam unter einem zur Schau getragenen Selbstbewußtsein kaschiert wird.

Meine kurze Erfahrung sagt mir, daß Amerika für die Intellektuellen ein hartes Pflaster ist. Verleger und Herausgeber schätzen dein Gehirn mit einem kritischen und angewiderten Gesichtsausdruck ab, dem Impresario ähnlich, der eine Tänzerin auffordert, die Beine zu zeigen. Sie blicken a priori verächtlich auf das Produkt, das sie kaufen wollen, und auf das Publikum, dem sie es andrehen werden. Ihre Aufgabe ist es, zwischen Autor und Leser – diesen beiden Formen einer lächerlichen Menschheit – eine ebenso lächerliche Beziehung zu schaffen, die aber durch ihre Geschicklichkeit in respektable Dollar zu Nutz und Frommen des Unternehmers verkehrt wird. Schon die in Auftrag gegebenen «Maße» setzen das Schrifttum auf das Niveau einer Gemüsesorte herab. Man sagt: ich hätte gern 2500 Worte; wir zahlen soundsoviel Dollar für 1500 Worte. Gewiß, auch ein französischer Redakteur zählt die Spalten und Zeilen, aber er tut es doch mit mehr Einfühlsamkeit. Und was den Inhalt der Artikel betrifft, so geht man doch in Frankreich davon aus, daß gewisse innere Werte berücksichtigt werden und daß das Publikum die Fähigkeit besitzt, diese auch anzuerkennen. Hier handelt es sich darum, ein stupides Publikum über die fundamentale Leere der Seiten hinwegzutäuschen, die man ihm präsentiert. Diese Stupidität – verschärft durch die anmaßende Verachtung der Geschäftsleute, die sie ausbeuten – ist hier oberstes Gesetz. Es ist untersagt, dem Publikum Vertrauen zu schenken in der Erwartung, daß es das Vertrauen erwidern wird. Man muß ihm bringen, was es verlangt. Schwierig ist nur, daß man es gleichzeitig auch überraschen muß: die Überraschung ist eine bestempfohlene Form der Anköderung. Das zieht ein schwieriges Dilemma nach sich: schlägst du einen Artikel über etwas grundlegend Neues vor, antwortet man dir, daß die Amerikaner sich hierfür nicht interessieren; wählst du ein Thema, das sie interessiert, wendet man ein, es sei bereits durchgekaut. Das Kunststück ist, im Rahmen des Gemeinplatzes eine kleine pikante *nouveauté* zu erfinden.

Ich weiß nicht, ob es meine schlechte Laune ist, die mir heute abend sogar New York verleidet. Tatsächlich leiden die Nachtlokale an einer beginnenden Depression, die man schamhaft «Rückgang» nennt. Zunächst war ich mit meinen spanischen Freunden in der 52. Straße – der Straße der eleganten Nachtlokale – bei Billie Holiday. Ein spärliches Publikum lauscht einem glanzlosen Orchester und wartet darauf, Billie singen zu hören. Da ist sie schon, sie lächelt, sie ist sehr schön in ihrem langen Kleid, eine geschickte Dauerwelle hat ihren schwarzen Haaren die Locken genommen, steif und glänzend umrahmt die Frisur ihr hellbraunes Gesicht, ihre Fransen sehen aus, als wären sie aus einem dunklen Metall gegossen. Sie lächelt, sie ist schön, aber sie singt nicht. Man erzählt sich, daß sie Rauschgift nimmt und nur noch selten singt. Wir landen in Greenwich. Der äußere Rahmen des *Café Society* ist gefällig, die Darbietungen sind nicht schlecht, aber der Raum ist ebenfalls beinahe leer. Weiter zu *Nick's* an der Ecke der 10. Straße. Voriges Jahr soll der Jazz ausgezeichnet und das Publikum zahlreich gewesen sein. Rückgang. Der große, mit Hirschköpfen geschmückte Raum, der ein wenig an eine Jagdhütte erinnert, ladet zum Trinken und Schwatzen ein, aber das Orchester ist mehr als mittelmäßig, und wir sind beinahe allein. Wir trinken und schwatzen. Aber ich bin enttäuscht. Die Lichter, der lebhafte Verkehr auf den Straßen versprechen einen tausendfachen nächtlichen Zauber. Ist nirgendwo ein Fleckchen, wo diese Versprechungen gehalten werden? Vielleicht haben wir es nicht gefunden. Ich werde weiter suchen.

6. Februar

Von allen Spaziergängen, die ich täglich in New York gemacht habe, ist der heutige einer der schönsten gewesen. C. L. wollte mir die spanische Bibliothek zeigen, die in der oberen Stadt liegt. Auf dem Oberdeck eines Autobus fahren wir am Hudson-Ufer entlang. Ein schöner, kalter Tag, die Anlagen sind mit Schnee bedeckt. Der Autobus fährt langsam, die Fahrt dauert mehr als eine Stunde. Wir treten durch ein Tor – und zu meiner Überraschung bin ich im Herzen Spaniens. Die schweigenden Säle haben den Duft Spaniens. Sie sind mit Majoliken, Schnitzwerk und kostbaren Fellen geschmückt. Rings um den Mittelsaal läuft eine Galerie, an deren Wänden Bilder von Goya, Greco und Zurbarán hängen: einige kommen mir verdächtig vor; auch im Metropolitan-Museum schien es mir, als seien einige Gemälde nur Kopien. Die Amerikaner sind fraglos viel zu versessen auf alte Meister, um besonders wählerisch zu sein. Aber hier sind Bilder, die unzweifelhaft Originale sind, und es ist eine längst vergessene Wonne, sie in dieser Umgebung zu betrachten, die an den Escorial und die Kirchen von Toledo erinnert. Auf der anderen Seite des Hofs ist ein indianisches Museum: Masken, Perlengürtel, Büffelfelle, in die heilige Motive geschnitzt sind. Ein Modell aus Papiermaché zeigt Manhattan zu der Zeit, als es noch von den Eingeborenen bewohnt war; es ist erst drei Jahrhunderte her, daß es diese Hütten und Feuerstellen inmitten der Felsen gab, die man heute noch in den öffentlichen Anlagen sieht. Die Insel hieß damals «Manhattanick», das bedeutete – merkwürdige Vorahnung! – «Insel der Trunkenheit». Die Indianer verkauften sie für 60 Silberstücke an die Dutch East India Company. Die Holländer erbauten dort New Amsterdam und errichteten 1653 die Mauer, die Wall Street den Namen gab, um die Stadt gegen die Engländer zu verteidigen. Aber zehn Jahre darauf traten sie sie an Karl II. ab, der sie seinem Bruder schenkte, zu dessen Ehren sie den Namen New York erhielt. Diese ganze Geschichte ist nicht sehr alt. Zu Beginn des vorigen Jahrhunderts war dieser hohe Broadway, durch den wir heute gehen, nichts weiter als eine Landstraße. Wir gehen bis zum Kloster, das Rockefeller, Stein um Stein, aus Europa herbeischaffen ließ und das er mit mittelalterlichen Gegenständen angefüllt hat. Wir kommen gerade, als die Tore geschlossen werden, aber wir bedauern es nicht. Packend ist die Gegend, in der wir uns befinden. Das Kloster liegt auf einer Anhöhe, Washington genannt, am Ende eines schmalen Durchbruchs. Man geht durch einen großen, einsamen Park, dessen Alleen unter einer dicken Schicht jungfräulichen Schnees verschwinden, und man gelangt ans äußerste Ende von New York. Hier hört die Stadt plötzlich auf, stößt an einen weiten Bogen des Hudson. Gegenüber liegen die hohen, wilden Gestade von New Jersey, rechts ist die Stadt nur noch ein schmaler Korridor zwischen Washington Heights und Bronx: man sieht den unteren Teil der Hügel, die wie ein Sockel die gleichmäßig ausgerichteten Gebäude tragen. Dieses Relief hat noch etwas Barbarisches, noch hat die Architektur die Schwingungen nicht verzeichnet; man hat nur Häuser auf diesem Stück Erde errichtet, das urwüchsig geblieben ist. Unter dem Schnee, im Licht der untergehenden Sonne gewinnt es den Anschein, als kehre diese chaotische Landschaft wieder zur Natur zurück. Man könnte meinen, man stehe am Rand eines vereisten Weltendes. Auf der Spitze des schweigenden Kaps sind wir allein, wie zwei Überlebende, die man vergessen hat. Und wir sind beinahe erstaunt, in der Ebene Lichter zu sehen und Geräusch und Leben wiederzufinden.

7. Februar

Die Zeitungen berichten von einer Pressekonferenz Marshalls, in der er erklärte, er sei ein Gegner jeder Art von Abrüstung. Andererseits beginnt heute der Prozeß gegen Eisler, Kommunistenführer Nr. 1, die Anklage lautet: Verschwörung gegen die Regierung, Mißachtung des Kongresses, Steuerhinterziehung, Paßfälschung. Der Wille zum Krieg wird deutlicher, die Verfolgung der Roten geht weiter.

Heute abend soll ich im Vassar College einen Vortrag halten. Zum erstenmal betrete ich den Central-Bahnhof, dieses Riesenbauwerk, dessen Turm Park Avenue beherrscht. Er erinnert mich an das Untergeschoß des Rockefeller Center: Restaurants, Cafés, *lunchroom, drugstore,* Telefonzentrale, Buchhandlungen, Blumenhandlungen, Zigarren, Bonbons, Friseursalons, Stiefelputzer. Überall Treppen. Wartesäle, eine Halle, wo Fahrkarten verkauft werden, schwarze, rotbemützte Gepäckträger. Aber nirgendwo Züge – sie sind unter der Erde versteckt.

Zum erstenmal nehme ich einen Zug. Ich stehe einen Augenblick vor einem Tor, das sich zehn Minuten vor der Abfahrt öffnet: ein Korridor führt in das Untergeschoß. Der Waggon, den ich besteige, ähnelt keinem französischen Waggon, eher dem Innern eines Autobus. Natürlich ist er überheizt. Auf dem Bahnsteig verkauft man Magazine, *ice cream,* Coca-Cola, Candies, Sandwiches. Milchkaffee wird in Pappbechern serviert. Der Zug bohrt sich in einen unterirdischen Tunnel. Zwischen den Häusern New Yorks, in der Höhe der zweiten Etage, kommt er wieder ans Tageslicht, folgt der Park Avenue, deren Glanz erloschen und die nur noch ein kümmerlicher Boulevard ist, durchquert das portorikanische Viertel, dann Bronx. Zu meiner Linken erhebt sich hoch auf seinem Hügel das Kloster. Heute fällt es mir schwer, daran zu glauben, daß New York und Neapel auf dem gleichen Breitengrad liegen. Der Hudson ist vereist. Auf dem Eis spielt der Schnee sein kapriziöses Spiel; die Möwen lassen sich durch die Kälte nicht entmutigen, sie halten ihre Versammlungen auf dem gefrorenen Wasser ab. Auf der anderen Seite dieser ungeheuren Eisbahn setzen mich die kahlen Hügel in Erstaunen – einer der Hauptstädte der Welt so nahe und so verlassen. Poughkiepsee ist die erste kleine amerikanische Stadt, die ich sehe. Mit ihren eingeschneiten Holzhäusern, ihren heiteren Straßen erinnert sie mich an eine Wintersportstation. Die Häuser am Rand der weißen Straßen sehen so künstlich aus wie die kleinen Villen in Mégève. Welcher Friede unmittelbar vor den Toren von New York! Das Auto hält vor einer prächtigen Villa, dem Gästehaus. *Hall*, Salons, Bibliothek, Eßraum, weiträumige Zimmer in einem mehr oder weniger mittelalterlichen Stil lassen gleichzeitig an ein Luxushotel und ein Kloster denken. Mein Zimmer ist weiß und friedlich wie die eingeschneite Landschaft ringsum; man hätte Lust, krank zu werden, ein leichtes Fieber zu bekommen, nur um das Schweigen und die Frische der Wände und der Bettücher besser auskosten zu können. Ein paar hundert Meter von hier geht ein Tor mit feierlichen Türmchen auf den Campus – hier ein großes Stück unberührter Landschaft mit Hügel und Wäldern. Zwischen den gleichfalls mittelalterlichen Gebäuden – Schlafräumen, Bibliotheken, Laboratorien – stoße ich auf *college girls* in Skikostümen, die Schneeschuhe über den Schultern. Manche gleiten unsicher einen kleinen Abhang herunter, den jeder französische Anfänger mit Verachtung strafen würde. Man zeigt mir den Turnsaal. Tanzunterricht. In blauen Shorts, mit nackten Ober- und Unterschenkeln, so schwanken die Schülerinnen auf den Fußspitzen. Andere schwimmen im Takt im blauen Wasser des Schwimmbassins, während die aufsichtsführende Lehrerin strickt. In der Bibliothek empfinde ich, wie frei und ungebunden diese Mädchen sind: in tiefe Sessel vergraben oder in ihren Straßenkostümen auf dem Boden sitzend, lesen sie, manche in kleinen, abgelegenen Räumen, manche in den großen Hallen; durch die Scheiben hindurch sieht man die Bäume, den Schnee.

Wie ich sie beneide ... Aber ich muß mit den Französisch-Lehrern des College den Tee nehmen und dann mit ihnen im Gästehaus zu Abend essen. Es ist das gutbürgerliche Abendessen einer besseren Familienpension: weder Cocktail noch Wein. Obwohl zwei männliche Lehrer eingeladen sind, bleibt doch die Atmosphäre ausgesprochen weiblich: irgendwie wattiert, altfränkisch. Ich finde hier die gleiche wache Umsicht der Professoren unserer Gymnasien wieder, jedoch bei diesen Auslands-Franzosen noch verschärft durch ein gewisses Bemühen um nationale Propaganda: erzählt man ihnen von einer Einschränkung der philosophischen Disziplin an der Sorbonne, runzeln sie schon die Stirn.

Man führt mich in den Vortragssaal, die ziemlich große Bühne steht voll griechischer Kulissen: die Schülerinnen geben hier demnächst *Die Fliegen*. Das Theater spielt im Leben des College eine große Rolle. Theater ist hier ein offizielles Studienfach. Ich nehme Platz und beginne meinen Vortrag. Alle *college girls*, die etwas Französisch verstehen, sind hier beisammen: sie sind zwischen sechzehn und zwanzig Jahre alt. Die vier Studienjahre entsprechen ungefähr unseren beiden Jahren der Reifeprüfung und Vorbereitung einer *licence*. Wie hübsch sie sind! Aus der Nähe besehen sind ihre Gesichter gar nicht so außergewöhnlich. Aber die Haare sind schön wie Shampoonreklamen, die Gesichter geschminkt wie die von dreißigjährigen Frauen; und – allen Fanatikern des »Natürlichen« zum Trotz – diese Mischung aus Jugendfrische und künstlicher Nachhilfe, dieses schwere Lippenrot über dem jugendlichen Blitzen der weißen Zähne, dieses Lächeln der sechzehnjährigen Augen unter den langen, nachgefärbten

Wimpern, das alles erscheint mir entzückend. Viele haben ihr Skikostüm anbehalten. Andere erscheinen in jenem von den alten Professoren vergebens gerügten Aufzug, der in Vassar beinahe zur Uniform geworden ist: Blaue, über dem Fußknöchel aufgekrempelte Trainingshosen, ein weißes oder in lebhaften Farben kariertes Männerhemd, das frei über der Hose flattert und dessen Enden vorn mit ausgeklügelter Nachlässigkeit verknotet werden. Die Hemden sind blitzsauber, aber die Trainingshosen müssen schäbig und dreckig aussehen; falls erforderlich zieht man sie durch den Staub, näht scheußliche Flicken darauf und bessert mit einem dunkleren Faden unsichtbare Risse aus. Wie Jungens angezogen, geschminkt wie Straßendirnen, strikken viele dieser jungen Mädchen, indem sie mir zuhören. Die Freude am Stricken, sagt man mir, ist ihnen während des Kriegs beigebracht worden. Dieses Handarbeitsüberbleibsel ist im Land der Serienproduktion erstaunlich. Das Stricken ist für viele dieser Studentinnen, wie ich annehme, ein Stück antizipierte Ehe und Mutterschaft.

Vassar ist eines der aristokratischsten Colleges Amerikas, das heißt: das Studium ist sehr teuer und die Studentinnen sind sorgfältig gesiebt nach ihren geistigen Fähigkeiten, ihrer Familie, ihrem Vermögen. Sie kommen aus allen Staaten Amerikas, bisweilen werden sogar ein oder zwei Farbige aufgenommen. Es gibt auch ein paar Stipendiaten, aber im großen ganzen ist diese Luxuskultur einer begüterten Oberschicht vorbehalten. Alle diese *college girls* sehen gesund und glücklich aus; auch von ihrer Ungezwungenheit ohne Frechheit und von ihrer reservierten Heiterkeit bin ich angenehm überrascht. Ihre Höflichkeit ist immer natürlich, und ihre Natürlichkeit bewahrt immer einen höflichen Takt. Ich wüßte gern, ob sie sich ihres Glücks bewußt sind und ob ein so sorgloses Leben ihnen nicht schädlich ist. Man antwortet mir vage: sie sind nett, seriös, sie arbeiten sehr gut. Ich hoffe, anderswo Lehrer anzutreffen, die den Dingen besser auf den Grund schauen oder weniger verschwiegen sind. Ich jedenfalls liege auf der verkehrten Seite: man müßte zwanzig Jahre jünger sein, um sie wirklich kennenzulernen.

8. Februar

ICH SEHE DIE *college girls* im Zug wieder, der mich nach New York zurückbringt. Sie wollen das *weekend* in der Stadt verbringen. Man erkennt sie kaum wieder. Genau wie ihre Mütter und ihre älteren Schwestern tragen sie Federhüte, Blumen, Schleier, schwere Pelze, Schuhe mit hohen Absätzen. Sie sind weit weniger reizend als gestern. Es wird mir klar, daß ihr origineller Campusaufzug auch nichts anderes war als eine Tracht: Trainingshose – Nerzmantel – zwei Uniformen. Ich glaube, die Amerikanerinnen ziehen sich nie für sich selbst an. Die Kleidung ist zunächst die Zurschaustellung eines Lebensstandards. Aus diesem Grund fehlt auch jede persönliche Note, die sich nicht in Dollars ausdrücken läßt. (Ausgenommen hiervon sind gewisse Kreise von Künstlern und Intellektuellen, aber selbst hier sind Seide und Pelzwerk selbstverständliche Voraussetzungen.) Die Hierarchie trägt hier quantitativen Charakter: dem gleichen Vermögen steht der gleiche Pelzmantel zu. Der gesellschaftliche Erfolg einer Frau hängt in einem hohen Maß vom Luxus ihrer äußeren Erscheinung ab – eine entsetzliche Sklaverei für die Armen. Eine Angestellte, eine Sekretärin muß ungefähr 25 Prozent ihres Gehalts für den Friseur und für kosmetische Artikel ausgeben. Sie würde an Ansehen verlieren, wenn sie zwei Tage hintereinander im gleichen Kleid in ihr Büro käme. Um für eine gewisse große Frauenzeitschrift zu arbeiten, wo man eine raffinierte Eleganz verlangt, braucht man eine teurere Garderobe als eine Animierdame in einem Pariser Nachtlokal. Viele junge Frauen können das notwendige Geld nicht aufbringen; aus diesem Grund bleibt eine große Anzahl von Stellungen gerade denen verschlossen, die sie am nötigsten hätten. Wenn man in New York ankommt, erscheint einem der Glanz der Haare und des Teints wie ein Wunder – aber das ist ein Wunder, das viel Geld kostet. Eine andere Tatsache ist, wie ich glaube, besonders bezeichnend: die der Amerikanerin aufgezwungene Standardkleidung ist nicht bestimmt, ihrer Bequemlichkeit zu dienen; diese Frauen, die bei jeder Gelegenheit so nachdrücklich ihre Unabhängigkeit fordern und deren Haltung dem Mann gegenüber so leicht aggressiv wird, ziehen sich für die Männer an: diese Absätze, die ihren Gang lähmen, diese zerbrechlichen Federn, diese Blumen mitten im Winter – all dieser Putz soll unzweifelhaft ihre Fraulichkeit unterstreichen und die Blicke der Männer anziehen. Tatsächlich ist die Toilette der Europäerin weniger unterwürfig.

Um 17 Uhr bin ich in der *hall* meines Hotels mit A. E. verabredet, der mir neulich versprochen hatte, mit mir zu einer guten Jazzkapelle zu gehen. Während ich ihn erwarte, überfliege ich die Zeitungen. Alle bringen die Rede, die

Dwight Green, der republikanische Gouverneur von Illinois, in Washington gehalten hat. Er sagt mit einer bemerkenswerten Heftigkeit das, was viele Republikaner etwas dezenter sagen: jedes fremde Land ist hassenswert, in erster Linie England und Rußland; man muß die Aufrüstung aufs äußerste vorantreiben, die Produktion der Atombomben intensiver gestalten, Hand auf alle Länder legen, deren Unterwerfung für die Sicherheit Amerikas unerläßlich ist.

Ich erinnere mich kaum noch an das Gesicht von A. E., obwohl es nicht alltäglich war; zu viele neue Gesichter waren um mich, und wir haben kaum zwei Sätze miteinander gesprochen. So bin ich denn etwas erstaunt, an der Seite dieses Unbekannten durch die Straßen zu gehen, der mit der Herzlichkeit eines alten Freundes zu mir spricht und mich nach amerikanischer Art beim Vornamen nennt. Die Beziehungen zwischen Menschen haben hier eine reizende Ungezwungenheit. Vielleicht sind in Frankreich die Freundschaften fester und tiefer verankert, ich weiß es nicht: jedenfalls hat bei uns ein erstes Kennenlernen nicht diese Wärme. Und mit welcher Beflissenheit sind alle diese Menschen bereit, einem gefällig zu sein! Ich habe den Wunsch ausgesprochen, Jazz zu hören, und schon bin ich unterwegs zu dem Konzert, das Louis Armstrong in der Carnegie Hall gibt. Das ist ein seltenes Glück. Seit Jahren hat Armstrong nicht in einem Konzertsaal gespielt, und so sind alle Plätze seit langem ausverkauft. A. E. ist ein Jazzenthusiast, der sich auch heute durchschlängelt – aber daß er mich daran teilnehmen läßt, mich, die er ja kaum kennt, und noch dazu mit soviel selbstloser Liebenswürdigkeit, das setzt mich erneut in ein Erstaunen, das mit einer leichten Beschämung untermischt ist.

«Wir gehen zu M., um die Eintrittskarten zu holen», sagt A. E. Und wieder einmal erlebe ich das Wunder, gegen das ich noch nicht abgestumpft bin: ein Name, ein Bild verwandelt sich in ein lebendes Wesen aus Fleisch und Blut. Kurz vor meiner Abreise nach New York hörte ich in Paris das Orchester Don Redman. Ich dachte an meine bevorstehende Reise und blätterte in der Negerrevue *Ebony*, deren Bilder mich seltsam erregten durch alles, was sie mir von Amerika versprachen. Da war auch M. zu sehen, der in den Straßen von Harlem lachte. M. ist ein weißer Musiker, der – mit einer Negerin verheiratet – seit zwanzig Jahren unter Negern lebt und in einem Negerorchester spielt. Er hat seine Geschichte in einem Buch erzählt, das soeben einen großen Erfolg errungen hat. Dieser M. also ist es, der uns in seinem mit Büchern und Platten überfüllten Büro empfängt. Er ist von mehreren Personen umgeben, und es wäre einschüchternd, wenn sie nicht alle Amerikaner wären. A. E. stellt mich unter anderem N. G. vor, der soeben einen ziemlich skandalösen Roman über eine Militärschule des Südens veröffentlicht hat. Er ist ein rothaariger großer Bursche, der wie ein Jüngling aussieht, obwohl er bereits verheiratet ist. Er hat Fred Astaires Kinn und ist in meinen Augen der typische Amerikaner, das heißt: ich habe den Eindruck, ihn stückweise schon zwanzigmal in Hollywood-Filmen gesehen zu haben. M. reicht mir ein Glas Whisky; er schenkt mir ein Exemplar seines Buchs und mehrere seiner Platten. N. G. schenkt mir ebenfalls seinen Roman. Da stehe ich nun, die Arme voller Bücher und Platten, von Freunden umgeben, die mich schon eine Ewigkeit zu kennen scheinen. Ich weiß, daß sie den Jazz glühend lieben, daß sie den amerikanischen Kapitalismus, den Rassenwahn, die puritanische Moral leidenschaftlich hassen, kurz: alles, was ich an diesem Amerika verabscheue, dem sie zugehören und von dessen Einrichtungen ihnen viele lieb und teuer sind. Das genügt, um mich ihnen weit näher zu fühlen als jenen Franzosen, die zu unterwürfig oder zu ablehnend sind und für die dieses Land nur eine abstrakte Macht ist.

Die Carnegie Hall, der größte Konzertsaal der Welt, ist überfüllt. Das amerikanische Publikum hat den Jazz mehr oder weniger abgetötet, liebt ihn aber immer noch. Von frenetischem Beifall umrauscht erscheint Armstrong. Und wieder erlebe ich bewegt das Wunder einer Materialisation: ich sehe das Gesicht wieder, das ich von so vielen Fotografien her kenne. Aber Armstrong wird alt. Zur Zeit spielt er nur noch aus kommerziellen Gründen mit einem Orchester, das viel zu groß ist und bei dem der Jazz seine Intimität und sein wahres Gesicht einbüßt. Mit diesem Orchester wollte er offenbar auch heute abend auftreten, und es kostete einige Mühe, ihn zu überreden, mit nur fünf Musikern zu spielen. Bei den letzten Stücken jedoch besteht er auf seinem vollen Orchester. Und das Publikum begrüßt diese Allerwelts-Tanzmusik mit der gleichen Begeisterung wie den echten, reinen, hinreißenden Jazz des ersten Teils.

Kaum bin ich wieder draußen, beladen mit meinen Platten und Büchern, den Kopf noch dröhnend, springe ich in ein Taxi. Ich werde mit den Herren der *Partisan Review* in einem spanischen Restaurant in Greenwich zu Abend essen, um die Unterhaltung von neulich abend fortzusetzen. Der Ton der Unterhaltung ist heute ein anderer: G. T. und P. B. entschuldigen sich sofort wegen ihrer Heftigkeit, sie fürchten, daß sie sich schlecht benommen haben. Ihre Reue ist um so aufrichtiger, als man hierzulande kaum die Gewohnheit hat, einen Ideenstreit so weit zu treiben; wie im Salon der Madame du Deffand verbietet der gute Ton jede leidenschaftliche Erregung: wenn die Meinungen aufeinanderzuplatzen drohen, macht man einen Rückzieher und verschanzt sich hinter höflichen und nichtssagenden Redensarten. Auch ich entschuldige mich – zweifellos habe ich selbst mit meinen französischen Angewohnheiten die Diskussion so auf die Spitze getrieben. Wir überbieten uns an Höflichkeiten, auf alles, was ich vorbringe, sagen sie Ja. Da ich mich schlecht verständlich machen kann, verstehen sie schwarz, wenn ich weiß sagen wollte: sie sind meiner Meinung, ich verbessere: und da sind sie wieder meiner Meinung. Über soviel gegenseitige Rücksichtnahme müssen wir schließlich lachen, das entspannt die Atmosphäre ein wenig. Wir werden versuchen, offen und ohne Zorn zu sprechen. Vorsichtigerweise lassen wir die Politik beiseite. Wir beschränken uns auf das Gebiet der Literatur, wo mich übrigens ihre Meinung stärker interessiert.

Sie beklagen sich zunächst über die schweren Lebensbedingungen der amerikanischen Intellektuellen. Ihre Revue hat kaum zehntausend Leser, was in Amerika unbedeutend ist. Ein Schriftsteller, der keine *bestseller* fabriziert, kann kaum von seiner Feder leben. Er findet auch keinen moralischen Ausgleich durch andere Dinge: keine Freundschaft mit anderen Schriftstellern, jeder lebt für sich; keinen Einfluß auf das Publikum, das nur für geschäftliche Erfolge empfänglich ist. Selbst der Erfolg öffnet dem Autor nicht die Tore zur guten Gesellschaft: sein Ruhm ist bescheidener und flüchtiger als der der Filmstars von Hollywood. Das ist ein Widerhall dessen, was mir C. L. von der

Malerei sagte. Auch in Frankreich ist es nicht leicht, von der Literatur zu leben, aber man spricht doch dort nicht mit einem so bitteren Groll von der Schriftstellerei.

Bei G. T. sind wir um eine Flasche Whisky versammelt; sie nehmen ihren Angriff gegen die Erfolgsliteratur wieder auf. Es gibt, erklären sie mir, eine authentische amerikanische Kultur, Erbin der europäischen Kultur, von der sie in direkter Linie abstammt: ihre Vertreter waren im vorigen Jahrhundert Thoreau, Whitman, Melville, Hawthorne, Henry James, Crane (Edgar Allan Poe erwähnen sie nicht, nie wird er erwähnt: ich glaube, er ist ein französischer Schriftsteller); für die Jetztzeit nennen sie Wolfe und Fitzgerald. Das ist eine kultivierte Literatur, die sich sowohl um Vollendung in der äußeren Form als auch um eine tiefe Lebensauffassung bemüht. Von Faulkner abgesehen stehen alle amerikanischen Schriftsteller, die wir in Frankreich lieben, dieser Überlieferung entgegen. Sie sind in einen unschönen, oberflächlichen Realismus zurückgefallen. Die Beschreibung des Verhaltens hat die Tiefenpsychologie ersetzt, und die fotografische Exaktheit hat die Erfindung und die Poesie abgelöst. Mit James Joyce verglichen haben Hemingway oder Wright uns nichts zu sagen: sie erzählen Geschichten, das ist alles. Wenn wir diese Bücher lieben, so geschieht es aus einer gewissen Nachsicht. Es belustigt uns, durch *Tortilla Flat* oder *Die Tabakstraße* hindurch ein Volk zu entdecken, dessen Sitten uns in Erstaunen setzen wie die eines barbarischen Stammes. In Frankreich würden wir ein Äquivalent dieser Romane bestimmt nicht schätzen. (Ich frage mich, ob die Idee vom Äquivalent viel Sinn hat – aber lassen wir das.) Eine Folge dieser Nachsicht ist es, daß wir Dashiell Hammett und James Cain (die man hier verachtet) und McCoy (den hier kein Mensch kennt) mit einem Faulkner auf eine Stufe stellen. Lest Detektivromane, wenn ihr wollt, lest Steinbeck und Dos Passos, wenn ihr könnt, aber nehmt es als harmlose Belustigung, nicht anders als die Hollywood-Filme; selbst G. T. sieht sie gern, wenn er abgespannt ist – aber niemand denkt daran, ihnen einen künstlerischen Wert beizumessen.

Ich gebe zu, daß der Realismus, von einem Land in ein anderes verpflanzt, leicht die falsche Farbe der Poesie annimmt: sie selbst lieben *Die Frau des Bäckers*. Ich meinerseits muß zugeben: hat erst einmal der Snobismus irgendwelche amerikanischen Romane zum Erfolg geführt, so übersetzt man sie ohne jedwede Unterscheidung, ja, man fabriziert sie sozusagen. Und gewiß ist die Aussage eines Dashiell Hammett – wiewohl sie mir immer noch tragbar erscheint – nicht der eines Faulkner gleichzusetzen. Aber über den tieferen Grund unserer Diskussion bin ich mit ihnen durchaus nicht einig. Das verwirrt sie ein wenig. Sie sagen: es ist der Einfluß Steinbecks und Hemingways, den man in diesen *bestsellers* wiederfindet, die mit ihrem stumpfsinnigen Gewicht die wahre amerikanische Literatur erstikken; man muß sie bekämpfen, es gilt, einen unerbittlichen Kampf gegen sie zu führen, um anderen die Bahn freizugeben. Welchen anderen? Sie können keinen einzigen jungen Autor nennen, der sie befriedigte; ihre Ziele sind in erster Linie negativ und sehr verschwommen. Ich habe den Eindruck, sie träumen von einem Zurück zur Psychoanalyse und zu einem gewissen Klassizismus – Dinge, die uns heute in Frankreich langweilen. Und obwohl sie Amerika Frankreich entgegenstellen, lieben sie auch keinen einzigen lebenden französischen Schriftsteller.

«Sie verabscheuen alle lebenden Schriftsteller, weil sie selbst weder Schriftsteller noch lebend sind», sagen mir lebende amerikanische Schriftsteller; sie griffen ihre Kritiker mit der gleichen Heftigkeit an, die jene aufgebracht hatten, um sie herunterzureißen. Die Leute der *Partisan Review*, setzt man mir auseinander, brauchen Idole, weil sie in sich selbst keinerlei Stütze finden: sie haben Stalin bewundert und sind dann zu Trotzki übergegangen, und schließlich sind sie dabei gelandet, sich in den Dienst der «Tradition» zu stellen – diese ist zur Zeit ihr Abgott und die Rechtfertigung ihres Hasses; sie selbst sind unfruchtbar – das ist der wirkliche Grund des Ganzen, und da sie nur wenige Leser, überhaupt keinen politischen Einfluß und keine innere Leidenschaft haben, hassen sie das Leben nicht nur in der Literatur, sondern überall dort, wo es ihnen begegnet.

Fraglos liegt eine große Ungerechtigkeit in diesem Streit: was aber in die Augen springt ist die scharfe Trennung zwischen Intellektuellen und Schriftstellern. Die meisten Schriftsteller haben als Zeitungsverkäufer oder Stiefelputzer angefangen und haben sich die Kultur zu eigen gemacht, die ihnen das Leben zugetragen hat; und umgekehrt kommt es sehr selten vor, daß kultivierte Menschen schreiben, zumindest keine Erfolgsbücher. So ist dieser Streit fast zu einem Klassenkampf geworden. Wir haben in Frankreich Intellektuelle im Überfluß: aber das Bemühen der Schriftsteller, das Leben in seiner grellsten Form in die Literatur einzuführen, war neu für uns und hat uns ungemein bereichert. Ich muß *Partisan Review* recht geben, daß das Leben erstarren kann, wenn der Romanschriftsteller sich die Sache leicht macht, und daß so mancher Steinbeck und der letzte Caldwell Bücher nach bewährtem Muster sind. Aber der Vorwurf des Realismus, den sie vorbringen, ist völlig sinnlos. Wir wissen sehr genau, was die realistische Schule in Frankreich gewesen ist: eine Voreingenommenheit, die sich dem gegebenen Sachverhalt gegenüber als Unvoreingenommenheit aufspielte – eine Stellungnahme, die sich von selbst erledigt. Aber in den amerikanischen Romanen, die wir lieben, ist das Gegebene durch die ungestüme Stellungnahme aus Liebe, Haß und Revolte hindurch gesehen; das Leben enthüllt sich hier in seiner nackten Wahrheit, das heißt: das Bewußtsein des Helden ist hier immer gegenwärtig. Was soll da das Wort Realismus? Und was lieben wir letzten Endes an Stephen Crane, insbesondere an seiner großen Novelle *Maggie*, wenn nicht eine kühne, seinerzeit völlig ungewöhnliche Realistik?

Was ich klar durch alle diese Streitigkeiten hindurch empfunden habe, das ist dies: die amerikanische Literatur ist ebensowenig wie Amerika ein einheitlicher, in sich geschlossener Block, wie man von weitem gesehen immer glauben möchte. Sie ist eine lebendige, bewegliche Realität, durch die verschiedene, häufig widerstreitende Strömungen hindurchgehen. Daß die junge Generation sich von Schriftstellern – auch großen – der vorigen Generation abwendet, ist natürlich und notwendig, aber auch bei Melville oder Hawthorne werden sie nicht die Antworten auf ihre Probleme finden, denn es sind neue Probleme, und sie müssen sie schon selbst lösen. Wenn diese Lösungen gut sind, werden sie von selbst zur «Tradition» werden.

9. Februar

«Sonntagvormittag», sagte mir eine Amerikanerin, «bleibt man im Bett und liest die Beilage der *New York Times*.» Als ich zum erstenmal die Sonntagsausgabe der *New York Times* kaufte, meinte ich, ich hätte mich geirrt und ein ganzes Bündel Zeitungen ergriffen: aber dieses ganze Bündel war eine einzige Zeitung. Selbst an Wochentagen habe ich Mühe, mit dieser Papierflut fertig zu werden; ich habe mich daran gewöhnt, die Rubriken über Sport, Ernennungen, Hochzeiten, Trauerfälle und die Nachrichten aus der Gesellschaft zu überspringen, desgleichen die Reklame, die viele Seiten füllt – aber immer noch verliere ich mich in diesem Wust. Was mich durcheinanderbringt ist, daß diese große, internationale Presse auch zugleich eine Lokalpresse ist: das Abrüstungsproblem wird an der gleichen Stelle gebracht wie die wunderbare Heilung des *blue baby* der Eheleute Thompson oder die Mitteilung, wie wunderhübsch der jungverheiratete Kriegsteilnehmer Smith seinen Wohnwagen eingerichtet hat. Auch hier soll bei dem Amerikaner der Eindruck erweckt werden, ganz Amerika interessiere sich für den besonderen Fall eines jeden Bürgers: tagtäglich bringt die Presse ein paar sehr konkrete Beispiele als Beweise für dieses Interesse. Und indem sie Kollekten für das kranke Kind veranstalten oder dem glücklichen Ehepaar Gratulationskarten schicken, haben die Leute für geringe Unkosten den Eindruck, aktiv am Leben der Nation teilzunehmen – und um so lieber überlassen sie den Spezialisten die Probleme der Freiheit, der Arbeit, des Kampfs gegen die Roten, der Intervention in europäischen Angelegenheiten.

Ein schöner, eiskalter Tag. Am Vormittag besuche ich mit Richard Wright einen Gottesdienst in einer Negerkirche – der «Baptistenkirche von Abessinien», der größten Kirche New Yorks; sie zählt 12 000 bis 14 000 Mitglieder. Ihr Pastor ist eine volkstümliche Erscheinung: Rev. A. Clayton Powell ist ein junger, ehrgeiziger Mensch mit einem hellen Teint und so feinen Zügen, daß ich ihn nie für einen Schwarzen gehalten hätte. Er entwickelte eine intensive soziale Tätigkeit, oft hat er den Arbeitern in ihren Streiks beigestanden, er gibt eine Negerzeitung heraus und ist Mitglied des Bürgerrats der Stadt New York. Er gehört zu jener ziemlich seltenen Kategorie von Geistlichen, die es auf sich nehmen, die Forderungen der Farbigen zu unterstützen und zum Ausdruck zu bringen. Die soziale Seite seiner Predigt frappiert mich: man könnte meinen, weniger einem Gottesdienst als vielmehr einer politischen Versammlung beizuwohnen. Er spricht zu den Negern von ihren harten Lebensbedingungen, aber er sagt ihnen, daß sie sie nicht durch Aufruhr und nicht durch Haß verbessern können; sie müssen zunächst das Herz Gottes gewinnen; auch unter ihnen gibt es Unrecht, gibt es Reiche und Arme, Gesunde und Kranke, und sie müssen lernen, sich untereinander zu helfen; sie sollen die Kirche besuchen, sich sittlich rein halten und im Guten leben, dann wird der Tag kommen, der ihre Leiden endigt. Die Gemeinde lauscht mit glühender Aufmerksamkeit und begleitet die Predigt mit *«Yes! All right!»*, mit Getrampel und Händeklatschen; aber es ist eine gutbürgerliche Gemeinde, die Wert legt auf ihre Wohlerzogenheit und die ihre Kundgebungen zu zügeln weiß. Wright sagt mir: wenn wir die schönsten *spirituals* hören und das Ergreifende der schwarzen Religion voll empfinden wollen, müssen wir in die Kirchen der Armenviertel gehen. Er wird mich hinführen. Das Politische, Weltliche dieses Gottesdienstes hat mich überrascht: man muß sich vor Augen halten, erklärt mir Wright, daß es im Leben des Negers nicht eine Minute gibt, in der ihm nicht das Problem seiner sozialen Stellung zum Bewußtsein käme – von seiner Geburt bis zu seinem Tod, ob er arbeitet, ißt, liebt, spazierengeht, tanzt oder betet: nie kann er vergessen, daß er Neger ist, und in jedem Augenblick ist ihm die Welt der Weißen gegenwärtig, durch die das Wort «Schwarzer» erst seinen Sinn erhält. Was auch immer er tut – ein Neger ist *engagé*. Für keinen einzigen farbigen Schriftsteller existiert das Problem der *littérature engagée* – es versteht sich einfach von selbst.

Plaudernd spazieren wir durch die großen Avenuen von Harlem. Es herrscht ein ländlicher Friede, der Fahrdamm liegt verlassen wie die Pariser Boulevards während der Besetzung. Auf den Gehsteigen spielen Kinder trotz eisiger Kälte im Schnee. Nie hat sich Greenwich Village seines Namens so würdig gezeigt wie heute: in den von zwei- und dreistöckigen Häusern gesäumten provinziellen Straßen erstickt der Schnee jedes Geräusch. Er liegt auf den Dächern und Freitreppen; man sinkt bis zu den Knöcheln ein, und die längs der Gehsteige parkenden Autos sind buchstäblich im Schnee begraben. Am Abend aber, in der Bowery, bleibt nichts mehr von dem ländlichen Charme der Kälte: unter der schwarzen Decke der Hochbahn zittern die Menschen, die hier roh die Vergessenen, die Einsamen genannt werden.

Die Bowery ist die Avenue des Elends. Straßenbahnen – ich glaube, es sind die einzigen in New York – rasseln unter der Hochbahn dahin; alle Häuser, alle Geschäfte haben die Farbe von grauem Brot, von schlecht gewaschenen Gesichtern. Im unteren Stadtviertel werden Luxuspelze und Diamanten verkauft; diese Juweliergeschäfte sind traurige Räume, wo verschiedene Kaufleute ihre Büros nebeneinander haben. Im oberen Viertel sieht man hauptsächlich die Läden von Wiederverkäufern und Trödlern. Getragene Kleidungsstücke. Trauben von gebrauchten Stiefeln hängen rings um die Türen unter dem Straßenniveau; auch Schneider sind da, unter anderem ein Schneider für Dicke: er stellt Fotos von Dicken aus, die er angezogen hat, auch Jacken und Hosen von märchenhaften Dimensionen. Vor allem sind da die Läden der Pfandleiher, erkenntlich an dem traditionellen Abzeichen der drei dicken Kupferkugeln; man erkennt sie auch an den Gitarren, die in der Auslage liegen; mitten unter trüben Edelsteinen, Grammophonen, Uhren, Fotoapparaten und Küchengerät sieht man immer wieder Gitarren, und ihrer fragwürdigen Umgebung zum Trotz sind sie so edel wie auf den Bildern von Picasso. Zwischen diesen Geschäften stehen, längs der ganzen Bowery, die Hotels für Männer ohne Frauen; die Fassaden ohne Putz, die staubigen Fenster drücken einem das Herz ab: es sind Asyle, wo man für einige Cents auf einem Strohsack oder einem völlig verwanzten Fußboden übernachten kann. Die Pennbrüder von New York, die noch ärmer sind, gehen in die *flop houses*. Dort schlafen sie, auf Bänken sitzend, die Arme auf ein Seil stützend und den Kopf auf den verschränkten Armen. So schlafen sie, bis die von ihnen erkaufte Ruhezeit abgelaufen ist – dann wird das Seil zurückgezogen, ihr Körper knickt zusammen, und von diesem Schock werden sie wach. Wer noch ärmer ist, übernachtet auf der Straße. Die Kranken, Alten, Heruntergekommenen, Pechvögel, die Gescheiterten Amerikas treiben sich auf diesen Gehsteigen herum. Sie legen sich trotz Glatteis oder Regen auf den Asphalt; sie kauern sich auf den Stufen der kleinen Treppen zusammen, die in die Kellergeschosse führen; oder sie lehnen sich an die Mauern und versuchen stehend zu schlafen. Sie haben nur noch ein Ziel auf Erden: trinken. In dem trostlosen, kalten Dunkel der Bowery verspricht jede Bar mit leuchtender Neonreklame ein Paradies. Aber auch die Trunkenheit kostet Geld. Sie versuchen, den Passanten oder sich gegenseitig ihr letztes Hemd zu verkaufen, ihre durchlöcherten Schlappen oder ein schartiges Messer; um einen Fetzen, den man des Morgens aus einem Kehrichteimer fischt, entbrennen alle Leidenschaften der großen Auktionen oder der Börse. In den meisten Fällen haben sie überhaupt nichts zu verkaufen, dann betteln sie. Meine Freundin S. L., die in dem Viertel arbeitet, kennt mehr als einen Bettler; zur Bettelei gehört das Possenreißen – das ist hier die Regel. Vom Präsidenten der USA bis zum Pennbruder wird hier immer etwas mit einem heiteren Bluff gefordert. «Meine Bank ist geschlossen, gnädige Frau, ich kann meinen Scheck nicht einlösen – würden Sie mir 25 Cents vorschießen?» Trägt sie ein Buch unterm Arm, blitzen sie zwei Augen an: «Borgen Sie es mir, ich gebe es Ihnen wieder.» Und sie geben es zurück, sie hatten es entliehen, um es zu lesen. S. sagt mir, daß auch viele Frauen in der Bowery leben, aber man sieht sie eher in den Cafés als auf der Straße. Da ist eine, die man die Königin der Bowery nennt, eine alte, einst gefeierte Schönheit, die elend lebt, aber ein hübsches Vermögen besitzt.

Die berühmteste Bar der Bowery ist *Sammy's*. Ursprünglich war es eine Bar wie alle anderen, eine Art *flop house*, wo man für ein paar Cents Tag und Nacht trinken und schlafen konnte. Am Nachmittag hat sich das äußere Bild auch kaum verändert. Die einzigen Gäste sind Pennbrüder, Männer und Frauen, die an der Theke billiges Bier trinken oder – auf Stühlen sitzend, den Kopf auf dem Tisch – schlafen. Aber Sammy, der Kneipenwirt, hatte einen genialen Einfall. Er hat ehemalige Schauspielerinnen, Sängerinnen und Tänzerinnen im Alter von 60 bis 80 Jahren zusammengelesen und läßt sie am Abend, federgeschmückt, in den Tänzen und Liedern ihrer Jugend auftreten. Die Bar ist ein Cabaret und Sammy's Follies sind ein Riesenerfolg geworden. Draußen vor dem Eingang warten Menschen in der Kälte, daß ihnen der Nickel für den Eintritt vom Himmel in den Schoß falle.

Die, denen das Glück hold war, schwanken vergnügt um den Bartisch, wo die Königinnen der Bowery über einem verschwenderischen Arsenal von Flaschen an die Wand gemalt sind. Eine brave Bourgeoisie sitzt an den Tischen, trinkt Whiskey und ißt *hamburgers*. Die Wände sind mit Fotos, Zeitungsausschnitten und Autogrammen bedeckt, aber auch mit alten, bunten Kinoreklamen aus der Zeit des Stummfilms, wo sich Vergewaltigungen und Morde nur so überschlagen. Wie in allen New Yorker Nachtlokalen schiebt sich eine Fotografin im schwarzen Seidenkleid durch die Tische. Mit einem einladenden Lächeln richtet sie ihre Lampe auf die Pärchen und die vergnügten Gesellschaften. Wir setzen uns neben das mit Bändern geschmückte Orchesterpodium. Ein Mann spielt Klavier, eine traurige junge Frau Geige; sie ist hier fehl am Ort, sie fühlt sich unglücklich und distinguiert. Eine andere Frau knallt mit wilder Hingabe auf die Pauke. Nacheinander treten die Sängerinnen auf. Mit Absicht hat man wahre Monstren ausgesucht, lauter korpulente Mae Wests. Ihre Haare sind rot oder rabenschwarz, von der Schminke haben sie überreichlich Gebrauch gemacht: die hängenden Wangen sind orangefarben angemalt, in den Falten des Doppelkinns liegt kreidiger Puder. Nur die Augen sind trotz der falschen Wimpern, der Kohle und der blauen Striche menschlich geblieben: an dieses empfindliche Äpfelchen kann man nicht heran – es trotzt allen Verkleidungen. Alle diese alten Feen tragen riesige Hüte mit orangefarbenen oder grünen Federn und funkelnde Edelsteine. Schwarze Seidenkleider umhüllen ihre Körper und ihre balkonartig vorspringenden Busen. Sie singen Cowboylieder, sentimentale Balladen, Schlager von 1900. Sie deuten Tanzschritte an, sie machen kleine Sprünge und lassen dabei ihre dicken Brüste hüpfen. Viele waren talentiert und schön und haben sich auch heute noch so viel Temperament, Leben und verführerische Weiblichkeit bewahrt, daß der Beifall, den sie ernten, durchaus echt ist. Das Publikum ist hingerissen. Ich sehe eine Frau allein an einem Tisch. Sie ist noch jung, zurückhaltend, sie trinkt einen Whisky nach dem andern und schaut mit harten Blicken auf die Bühne. Andere Frauen lachen hysterisch mit verschwimmenden Augen. Die Hauptnummer ist eine Achtzigjährige. Ihr puppiges Gesicht, das in einer unförmigen Fleischmasse ertrinkt, verrät immer noch Züge einstiger Schönheit. Sie singt, indem sie ihrem großen Hut lausbübische Stöße versetzt; sie macht schlangenartige Bewegungen und läßt trotz ihrer 85 Jahre einen Augenblick lang jene Mae West wieder aufleben, die sie einmal war.

Wenn sie ihre seidenen Röcke hebt und hierbei ein kanariengelbes, an den Knien geschlossenes Höschen und Beine zeigt, die einer Mistinguett würdig sind, brüllt das ganze Publikum. Die hysterischen Weiber nehmen ihre Röcke hoch und sinken halb ohnmächtig auf die Schultern ihrer verlegenen Männer. Die Alte läuft durch den Saal und küßt im Vorübergehen Männerschädel. Sie läuft im Tanzschritt, von Zeit zu Zeit tut sie so, als wollte sie ihren Rock hinten hochheben – dann wird sie von einem Pfiff zur Ordnung gerufen. Das Publikum grölt immer lauter. Mit einem großen Trommelwirbel, umrauscht vom Beifall, von Gelächter und Geschrei, setzt sich der Star in eine Ecke des Saals, ganz allein. Sie sieht sehr alt, sehr abgespannt aus. Morgen abend macht sie weiter.

Gewiß, diese ganze Geschichte ist nicht sonderlich hübsch – man verhöhnt arme alte Frauen. Aber was bieten ihnen die Wohlgesinnten, die sich dagegen auflehnen? Letzten Endes verdienen die Alten durch Sammy ihren Lebensunterhalt. So lange eine Bowery existiert, kann man einen Sammy nicht tadeln. Und die Bowery ist die Kehrseite von Wall Street. Wer sich entrüsten will, der muß tiefer suchen.

10. Februar

In der Nacht ist der Schnee geschmolzen, die Straßen New Yorks sind mit einem grauen Schlamm bedeckt. Sie sind ebenso vernachlässigt und genauso schmutzig wie die Straßen von Paris während eines Winters in der Zeit der

Besetzung. Die Stadt ist nicht so sauber, wie es mir anfänglich schien. Die Kehrichteimer stehen lange auf den Gehsteigen. Bisweilen werden die Abfälle morgens in den dichbevölkerten Vierteln in großen Blechkästen verbrannt. Und am Abend, wenn ich durch die Straßen gelaufen bin, ist mein Gesicht oft so schwarz, als sei ich aus einem Kohlenbunker gekommen.

In drei Tagen verlasse ich New York. Ich habe viele Besorgungen zu machen, Geschäfte zu erledigen und den ganzen Vormittag laufe ich durch die schlammigen Straßen der eleganten Viertel. In den Auslagen der Konditoreien sieht man große rote, mit Bändern gezierte und mit Bonbons gefüllte Herzen. Auch in den Papiergeschäften und Krawattenläden hängen Herzen. Bald ist St. Valentin, der Tag, an dem die jungen Mädchen ihren *boy friend* beschenken. Irgendein Fest wird in Amerika immer vorbereitet – das zerstreut. Selbst die häuslichen Feiern haben die Würde öffentlicher Zeremonien, vor allem die Geburtstage: die Geburt eines jeden Bürgers scheint ein nationales Ereignis zu sein. Neulich fing in einem Nachtlokal der ganze Saal an, im Chor zu singen *Happy Birthday*, während ein dicker Herr, verwirrt und geschmeichelt, seiner Frau verlegen die Hand drückte. Vorgestern mußte ich telefonieren, zwei *college girls* betraten vor mir die Kabine; und während ich vor der Tür ungeduldig herumstand, sangen sie *Happy Birthday* vom Anfang bis zum Ende in den Hörer. In den Geschäften werden Geburtstagskarten mit gedruckten Glückwünschen, oft in Versen, verkauft. Zu dieser oder einer anderen Gelegenheit kann man Blumen «telegrafieren». In allen Blumengeschäften steht in großen Lettern *Wire flowers*.

Heute nachmittag habe ich im Kino einen Kulturfilm

gesehen, er zeigte, wie man in Amerika nach dem Glück jagt. Zunächst sah man Buchhandlungen, wo Männer und Frauen Bücher mit vielversprechenden Titeln kauften: «Das Geheimnis des Glücks», «Das Glück in fünf Lektionen» usw. ... Dann folgten Gymnastikstunden, die mit Überredungsübungen untermischt waren, die an die Methode Coué erinnerten. Andere Unbefriedigte gehen zum Hellseher, zum Astrologen. Wieder andere schreiben voller Hoffnung an spezialisierte Zeitungen und verschlingen die Antworten einer skrupellosen «Miss Lonely Heart». Dann gibt es wieder welche, die im Radio den Ratschlägen eines Mr. Anthony lauschen oder ihn persönlich aufsuchen. Mr. Anthony ist in Amerika berühmt und seine Sendungen machen Furore. Er empfängt die gequälten Seelen, ersucht sie, ihren Fall zu berichten, und gibt irgendeine banale Antwort. Die ganze Unterhaltung wird vom Rundfunk übertragen, einschließlich der tränenerstickten Stimme des Ratsuchenden. Der Betrug war so unverschämt, daß man Mr. Anthony schließlich untersagte, aber er hat Jünger. Dabei sagte der Kulturfilm nichts von den amtlich zugelassenen Psychoanalytikern, die zum großen Teil nichts als gewissenlose Ausbeuter sind.

Dieser kleine, hochoffizielle Film bestätigt das, was man mir von vielen Seiten sagte: nur auf den Anzeigen und Reklameseiten haben die Amerikaner diese vollen Wangen, dieses breite Lachen, diese straffen Züge, diese Gesichter, die ein gutes Gewissen ausstrahlen. In Wahrheit sind fast alle in Schwierigkeiten mit sich selbst. Der Alkohol ist die Medizin für diese innere Not, deren einfachste Form die Langeweile ist. Da die Tatsache des Trinkens von der Gesellschaft gebilligt wird, gilt sie nicht als ein Zeichen der

Nichtanpassung; sie ist die angepaßte Form der Nichtanpassung. Aber der Alkohol ist trotz alldem kein Allheilmittel, und einige wenige sprechen offen von jenen inneren Hemmnissen, die jeder heimlich in sich trägt: dann bieten Mr. Anthony oder die Psychoanalyse ihre Dienste an. Wenn die Psychoanalyse in Amerika so in Mode gekommen, wenn die Psychologie das bevorzugte Unterhaltungsthema der Intellektuellen, der Kultivierten geworden ist, dann nicht etwa deswegen, weil die Amerikaner erwarten, daß diese Wissenschaften ihnen helfen werden, sich selbst zu finden, im Gegenteil: sie erwarten von ihnen, daß sie ihnen behilflich sein werden, sich selbst zu entfliehen. Wenn man sich mit sich selbst uneins fühlt, könnte man versucht sein, die Welt in Frage zu stellen: eine so revolutionäre Haltung ist eine gefährliche Bedrohung für die Gesellschaft, ist beängstigend für das Individuum, das Entscheidungen zu treffen, Risiken und Verantwortlichkeiten auf sich zu nehmen hat. Man wird a priori annehmen, daß der innerlich Entgleiste im Unrecht ist – und er selbst ist durchaus zufrieden, seinen Zustand wie eine Krankheit zu betrachten, die ebenso sicher heilbar ist wie ein Schnupfen. Man setzt sich nicht aufrichtig mit den Fragen, die ihn beschäftigen, auseinander, nicht mit seinen Zweifeln und Ängsten: man nimmt sie als eine gegebene Realität, und es gilt nun, sie wissenschaftlich zu studieren. Er ist keine Einzelerscheinung mehr, der sich mit seinem eigenen, inneren Drama herumschlägt, sondern ein «Fall», ein objektiv umrissener Fall. Jeder Mensch ist ein Fall – das ist eine universelle Besonderheit. Demjenigen Menschen, der sich durch seine Verschrobenheit, Überspanntheit und durch betonte Individualität besonders hervortut, nennt man einen *Character*;

und auch in dieser generellen Kategorie ist kein Platz für die Absonderung der freien Entschließungen. Jeder Fall ist ein Problem, und jeder amerikanische Bürger hat ein Problem, so wie er einen Personenstand hat. Ist das Problem klar und durchsichtig, so kann er es selbst mit Worten definieren, die in sich bereits die Lösung tragen. Ist der Fall weniger klar, so umreißt er das Problem und ersucht kompetente Leute um dessen Lösung: das sind gerade die Probleme, die zusammen mit ihren Lösungen in breiter Ausführlichkeit von Presse und Rundfunk verbreitet werden. Wer aber gar nicht mit sich zu Rande kommt, läßt sich vom Psychoanalytiker ins Gleichgewicht bringen. Die Psychoanalyse ist ein gewaltiges Unternehmen der sozialen Wiederaufrichtung; ihr einziges Ziel ist, jedem Bürger die Möglichkeit zu geben, wieder ein nützliches Glied der Gesellschaft zu werden. Zur Zeit gibt es eine ganze Gruppe von Menschen, an deren Wiederaufrichtung eifrig gearbeitet wird – das sind die aus Europa und Ostasien zurückgekehrten G. I., die durch ihre in Übersee gemachten Erfahrungen eine seelische Störung erlitten haben. D. P., deren Beruf es ist, Gutachten über seelisch Erkrankte zu fertigen, sagte mir, daß sich unter diesen sehr viele Kriegsteilnehmer befinden. Diese jungen Menschen haben während ihrer ganzen Jugend die Luft des amerikanischen Optimismus geatmet, haben in einem Land gelebt, das die Existenz des Bösen leugnet; man versteht nur allzu gut, daß sie von dem plötzlichen Erlebnis des Kriegs aufs tiefste erschüttert sind und daß ihre Erfahrung sich nicht mehr in ein System einordnen läßt, in dem sie nun wieder leben sollen. Diejenigen, die den Mut haben, auch weiterhin an diese Erfahrung zu glauben, gehen mit frischen Kräften ans Werk; viele aber fühlen sich einfach verloren. Man betrachtet sie als geheilt, wenn sie sich nicht mehr verloren fühlen. Sich anpassen heißt hier in Wirklichkeit: seine Persönlichkeit aufgeben. Und glücklich sein heißt: mit Vorbedacht die Augen verschließen. Vieles würde sich bei den Amerikanern ändern, wenn sie zugeben wollten, daß es Elend auf der Welt gibt und daß das Elend nicht a priori ein Verbrechen ist.

11. Februar

Beim Cocktail, nach meinem Vortrag bei den Cultural Relations, spricht mich eine Französin von gut vierzig Jahren an: «Im Namen der französischen Jugend protestiere ich gegen alles, was Sie gesagt haben.» Eine andere schüttelt mir überschwenglich die Hand: «Ich danke Ihnen im Namen Frankreichs.» Ich wüßte gern, welche überirdische Berufung sie beauftragt hat.

Wieder einmal fällt mir auf, wie geschraubt die französischen Offiziellen sind. Die sogenannten «einflußreichen» Amerikaner verstehen sich darauf, sofort mit dem ersten besten in einen menschlichen Kontakt zu treten. Spricht man in der Öffentlichkeit, so braucht man sich durch ein amerikanisches Auditorium nicht einschüchtern zu lassen, weiß man doch, daß es dem Amerikaner nicht darauf ankommt, dich bei einem Fehler zu ertappen, sondern daß er dir einfach zuhören will.

Dieses amerikanische Wohlwollen verführt und irritiert mich zu gleicher Zeit; es vertraut dem Menschen. Aber Vertrauen ist eine zweischneidige Sache: Edelmut oder

Scheinheiligkeit? Und soll man *allen* Menschen vertrauen? Die Freundschaft verliert sich, wenn sie nicht vor eine Wahl gestellt wird. Das Wohlwollen geht hier so weit, daß man sich, zum Beispiel, weigert, an die deutschen Grausamkeiten zu glauben. Bei den in Buchenwald gedrehten Filmen zuckt der Amerikaner die Achseln: diese Leichen sind weder Russen noch Franzosen, sondern Österreicher, die bei einem Luftangriff ums Leben gekommen sind und die man hier als Nazi-Opfer ausgibt. Tatsächlich hat die ungeschickte Propaganda von 1914/18 – die kleinen belgischen Kinder mit den abgehackten Händen, die das Amerikanische Rote Kreuz niemals hat ausfindig machen können – die Amerikaner skeptisch gemacht. Und wir selbst haben zwischen 1940 und 1944 lange gebraucht, um *alles* glauben zu können. Aber in diesem Nichtglaubenwollen liegt eine Voreingenommenheit, wenn auch sicherlich keine humanistische: von den Japanern würde man hier unwidersprochen sonst was glauben. Es ist ein durch Rassenwahn abgeschwächter Humanismus – das Wohlwollen erstreckt sich nicht auf die Gelben, andererseits fließt viel deutsches Blut in amerikanischen Adern. Und dann bringt es die Politik Marshalls mit sich, daß die deutschen Verbrechen in Vergessenheit geraten.

Natürlich wäre es falsch, in dem amerikanischen Moraloptimismus nur eine Politik zu sehen. Die Nachkommen der Puritaner glauben aufrichtig an die Tugend und an das Gute. Man hat mir ein Wort des deutschen Philosophen Scheler zitiert, das ich für durchaus richtig halte: «Ich hielt die Amerikaner für scheinheilig. Ich glaubte, wenn sie ‹Gott› sagen, so meinen sie ‹Baumwolle›. Nein. Wenn sie ‹Gott› sagen, so meinen sie ‹Gott›. Das Wunder ist nur, daß immer wieder Baumwolle daraus wird.» Und in der Tat: hat man einmal angefangen, Gott der Baumwolle und die Tugend der Prosperität gleichzusetzen, so ist es weder scheinheilig noch gewagt, Gott und die Tugend ins Feld zu führen. Das Gute bietet ebenso viele Hilfsmittel wie das Böse, und fraglos sogar mehr, wenn man es in die rechten Kanäle zu leiten versteht. Die amerikanischen Mystifikationen beruhen nicht auf Lügen, vielmehr auf geschickt ausgeschlachteten Wahrheiten. Es ist wahr, daß Europa Amerika braucht. In den Augen des mittleren Amerikaners gewinnt der Imperialismus einen caritativen Charakter. Die Anmaßung der Amerikaner ist nicht Machtwille, sondern der Wille, das Gute aufzuzwingen; das Wunder ist nur, daß sich der Schlüssel zum Paradies in ihren Händen befindet. Ich erinnere mich an einen jungen Amerikaner, der vergangenen Sommer in Paris war. Seine Frau litt unter der Hitze, und er wollte Salzkapseln kaufen, um ihr Erleichterung zu schaffen. Er fand sie in keiner Apotheke. «Es *muß* sie geben», sagte er wütend. Er hatte es sich in den Kopf gesetzt, lief von einer Apotheke in die andere und in seinem Herzen wurde der Skandal immer größer: «Es *muß* welche geben.» Dieses *muß* war der Ausdruck seines Vertrauens in die Weltordnung, zugleich aber war es auch eine Drohung: denn wenn die Weltordnung in einer so unvorhergesehenen Weise aus den Fugen geraten war, dann machte es sich eben erforderlich, sie wieder herzustellen.

Natürlich kann man nicht so absolut bestimmt das Gute definieren, ohne in einem gewissen Umfang das Böse zuzugeben. Wesentlich ist nur, daß das eine nicht in das andere übergreift und daß das Böse – unzweideutig lokalisiert – lediglich als die Antithese des Guten erscheint. Es gibt schlechte Frauen; die aber, die tugendhaft sind, sind es durch und durch. Es gibt schlechte Bürger – man wirft sie ins Gefängnis; der gute Bürger aber ist in jeder Beziehung loyal. Die Japaner versinnbildlichen in der glücklichsten Weise den Teufel. Auf diese Weise gelangt man zu einem harmonischen Universum, in dem das Gute allein durch seine offenkundige Existenz siegt. Diese Schwarz-Weiß-Zeichnungen, die den Mythen unserer Kinderjahre so nahe sind – das brave und das böse Bübchen, der niederträchtige Säufer und der gute Familienvater, Ganelon und Roland –, lassen keine nuancierten Realitäten zu. Wenn ich auf sie zu sprechen komme, merke ich oft, daß mein Gesprächspartner mich einfach nicht versteht; das verfeinerte Bild geht ihm nicht ein. Während dieses Cocktails frappieren mich häufig die Fragen, die mir über die Besetzung von Paris gestellt werden. Manche glauben, daß wir an jeder Straßenecke von Bajonetten bedroht und ständig geschlagen und belästigt wurden. Sie fragen: «Sie waren vier Jahre in Paris?», als ob sie fragten: «Sie waren vier Jahre in Ravensbrück?» Andere wieder fragen erstaunt, ob wir wirklich während des Kriegs keine Ananas und keine Orangen gehabt haben. Sie zögern sogar, es zu glauben; übrigens hat auch bei ihnen vieles gefehlt. Wenn ich ihnen einige wahre Einzelheiten erzähle, fühle ich, daß ich sie skandalisiere. Wenn die Amerikaner einen so verkümmerten Sinn für Nuancen haben, dann nicht etwa deshalb, weil sie unfähig wären, sie zu erfassen – die amerikanische Wirklichkeit selbst ist genügend nuanciert –, sondern weil sie sie in Verlegenheit bringen würden. Die Abstufung zugeben heißt: die Doppeldeutigkeit des Urteils, die Anfechtung, den Zweifel zugeben: vor einer verworrenen Sachlage muß man nachdenken. Sie wünschen, sich durch Geometrie und nicht durch Weisheit im Leben aufzuführen; die Geometrie kann man lernen, aber die Weisheit muß man finden, und nur die erste gibt jene geruhsame Sicherheit, die ein gewissenhafter Mensch braucht. So glauben sie lieber an eine geometrische Welt, in der die Senkrechten genau im rechten Winkel auf die Waagerechten stoßen – wie in ihren *buildings* und ihren Straßen.

12. Februar

MEINE SPANISCHEN FREUNDE entführen mich im Auto in die Umgebung von New York. Wir starten in Greenwich und fahren in Richtung East River. Wir kommen mitten am Nachmittag nur schrecklich langsam vorwärts. Bei jedem zweiten Block stoppen uns die roten Signale. Auf der Autostraße dagegen können wir mit voller Geschwindigkeit fahren. Wir gelangen über Queens Bridge bis nach Triborough: das ist eine ungeheure Brücke, vielmehr ein Ganzes aus drei Brücken, das zusammen eine Länge von 20 Kilometern hat. Neben dem breiten Fahrdamm für Last- und Personenwagen ist ein Weg für Fußgänger vorgesehen, aber selbstverständlich geht kein Mensch diese lange Strecke zu Fuß. Links unter uns liegt eine Ebene voll armseliger Häuschen; rechts zeichnet sich Manhattan im Glanz seiner Wolkenkratzer gegen den Himmel ab: ein einziger Blick umfängt die *buildings* des Central Park, das Empire State, die Battery. Wir kommen durch arme Vorstädte, durch einen Friedhof, dann durch einen weiteren – es gibt viele Friedhöfe hier. Wir verlassen New York. Hier ist eine jener berühmten Überführungen in Kleeblattform, bei denen ein Kreuzen vermieden wird und ein Zusammenstoß offenbar unmöglich ist; trotzdem gibt es viele Autounfälle in Amerika, aber sie sind auf maßlose Geschwindigkeit und Trunkenheit zurückzuführen. Ich bin überrascht, daß wir so rasch auf dem wirklichen Land sind, inmitten von Wäldern. Die Straße ist schief, in der Ferne sieht man eine große Arbeiterstadt, deren Häuschen, eines genau wie das andere, in untadelig geometrischen Linien stehen. Die Kinder, die hier wohnen, haben nie New York gesehen, und die Erwachsenen, die in den benachbarten Fabriken arbeiten, fahren auch nur selten dorthin; ihr Horizont ist abgegrenzt durch Holzbaracken, durch kleine Wiesen dunkler Erde. St. Denis, St. Ouen sind Städte voll Charme und Phantasie neben dieser trostlosen Barackenstadt. Wir lassen diese traurige Landschaft hinter uns, jetzt folgen wir der Bucht; blaues Wasser, Sonne, Möwen. Aber das war nur ein kurzer Abstecher. Wir kehren uns wieder gegen Queens Bridge. Queens, das ist eine ganze Stadt, weiträumiger als Manhattan. Sie umschließt Dörfer, Vorstädte. Wir verlieren uns in einem Wohnviertel, in dem Nacht für Nacht Villen im Schnee schlafen. Die großen Avenuen, die wir nach verschiedenen Umwegen wieder erreichen, helfen mir, New York zu begreifen Neulich sah ich in der großen Öffentlichen Bibliothek der 5. Avenue eine Reihe von Kupferstichen, die das alte New York wiedergaben – diese Bilder werden vor unseren Augen Wirklichkeit. Diese breiten Straßen, umsäumt von Holzbaracken, Anschlagtafeln und leerem Gelände, sehen aus, als seien sie soeben erst von den kunstlosen Händen einiger Pioniere angelegt worden: in dieser unfertigen Stadt wohnen Emigranten. Mit ihr verglichen kommt mir Manhattan plötzlich alt vor. Manhattan birgt doch schon die Erinnerung mehrerer Generationen, und die Vergangenheit, die sich in die Steine des Broadway eingezeichnet hat, verspricht ihm eine Zukunft. Aber diese Straßen von Queens können morgen weggefegt werden. Ein Trüpplein Männer hat sie gebaut – ein anderes Trüpplein würde genügen, sie wieder einzureißen: man hat nicht das Gefühl, daß eine ganze Nation für sie einsteht. Sie sind da, aber niemand will sie so, wie sie sind. Die Gebäude sind auf gut Glück hingestellt – manchmal isoliert, manchmal in Haufen: eine so undisziplinierte Vegetation kann man nicht als Stadt bezeichnen. Das Auto biegt in eine Querstraße ein, schmutzig und holprig wie ein schlechter Feldweg. Der Wagen muß repariert werden, wir lassen ihn in einer Garage stehen. Der Garagenbesitzer schlägt uns vor, uns in einem seiner Wagen nach New York zurückzubringen. Wir nehmen an, und da wir ein paar Minuten warten müssen, gehen wir nebenan in ein Bowling. Ich habe nachts das Wort Bowling häufig in fetten roten Buchstaben leuchten sehen. Es ist das alte Kegelspiel, das bereits die Zwerge des Rip van Winkle spielten, das man aber sehr modernisiert hat. Da ist keine wilde Schlucht, sondern eine Bar mit Tischen und Stühlen; die nebeneinander liegenden Bahnen sind aus gelacktem Holz. Wenn die dicke Kugel die Kegel umgeworfen hat, fällt sie in eine Versenkung, von wo aus sie wieder automatisch an den Spieler zurückgelangt. Von bequemen Bänken aus sehen die Gäste dem Spiel zu, das zugleich auch ein Schauspiel ist. Ich erinnere mich an eine Kegelpartie auf dem Spielplatz eines französischen Dorfs, am Nachmittag eines 14. Juli. Das ungleiche Gelände gestaltete das Spiel schwierig. Die Gärten, die kleinen Schenken, die von Platanen beschatteten Plätze – das alles ist in Amerika durch diese großen Hallen ersetzt, die *air-conditioned* sind, wo man, ohne Streit und ohne Lachen, mit Kugeln von vorgeschriebenen Maßen auf peinlichst genau ausgemessenen Bahnen kegelt. In dieses mechanische Räderwerk hat man einen Menschen eingegliedert, das ist der *pin-boy*. Während die Kugel rollt, ist er hinter einer Wand verborgen; dann sieht man – während er die umgefallenen Kegel wieder aufstellt – einen Moment lang seine Hände und Füße; schnell zieht er sie wieder zurück, um nicht von der schweren Holzkugel getroffen zu werden. Er taucht auf und verschwindet mit der Regelmäßigkeit einer Kurbelwelle. Das Spiel ist so volkstümlich, daß die Bahnen tagelang im voraus vermietet sind, aber es ist langweilig anzusehen.

Ein Chauffeur bringt uns zurück. Auf den Straßen von Queens überfährt er voller Verachtung alle Haltesignale, was in Manhattan kein Mensch jemals täte: selbst in der Nacht, in den einsamsten Straßen, ist die Fahrdisziplin beispielhaft. Es gibt zwar nicht viele Verbote in Amerika, aber es ist teuer, sie zu übertreten; die Geldstrafen sind ungemein hoch. Aber trotz seiner Größe ist Queens nur eine Vorstadt, hier verliert sich die Disziplin. Wir fahren über die große Eisenbrücke. Die Lastwagen nehmen die obere Fahrbahn. Auf dieser sieht man nur Wagen von ungefähr gleicher Größe, von der gleichen dunklen Farbe, fast identisch, mit zehn Zentimeter Abstand folgt einer dem andern. Zwei Reihen in Richtung Manhattan und zwei Reihen in Richtung Queens füllen genau die Breite des

Fahrdamms. Sie gleiten so regelmäßig vorwärts, daß man meinen könnte, sie kommen am laufenden Band aus der Fabrik, die sie hergestellt hat. Ich frage mich, was passieren würde, wenn in dieser Kette ein Wagen eine Panne hätte.

Dies ist für zwei Monate meine letzte Nacht in New York. In Greenwich steige ich mit meinen Freunden aus. Sie zeigen mir in der Nähe des Washington Square ein entzückendes Café, *Jumble Shop*, das mit seinen roten Fliesen und seinen kleinen, ruhigen Tischen an den Wänden beinahe europäisch anmutet. Hier kann man die ganze Nacht essen und trinken. Während ihrer Exiljahre haben französische Schriftsteller und Maler versucht, hier *Les Deux Magots* und *Le Café de Flore* wiederaufleben zu lassen, aber ohne Erfolg: ihre Bemühungen sahen immer zu verabredet aus. Aus irgendeinem Grund ist für ein Kaffeehausleben New York nicht das richtige Pflaster.

Wir gehen auf gut Glück in ein Nachtlokal des Village. Der Saal ist sehr hübsch: eine große Scheune mit starken Balken, an denen Wagenräder aufgehängt sind. Unechte, lachende und geschminkte Cowboys singen und werfen Lassos. Alle Attraktionen sind scheußlich. Es sind viele Menschen da, aber es ist ein Provinzpublikum. Der Ansager am Mikrofon ruft einen Tisch an: «Welcher Staat?» Sie sind von Ohio, und schon spielt das Orchester das traditionelle Ohio-Lied. Der nächste Tisch: Illinois – man spielt die Illinois-Hymne. Und so defilieren von Tisch zu Tisch zehn Staaten vorbei: es ist kein einziger New Yorker dabei.

New Yorker treffen wir im *Café Society*. Es ist viel voller als neulich, weil das Programm gewechselt hat und heute abend Josh White singt, ein im Augenblick gefeierter schwarzer Sänger. Er schreibt seine Lieder selbst, Text und Musik, und begleitet sich auf der Gitarre. Er ist schön, beinahe zu schön und zu wundervoll angezogen; und seine Lieder sind beinahe zu rührend. Das eine ist Roosevelt gewidmet, den die Neger – selbst die der äußersten Linken – verehren, weil er viel für sie getan hat. In einem anderen, etwas gewagteren, erinnert White daran, daß im Krieg Schwarze und Weiße Seite an Seite ihr Blut geopfert haben und daß dieses Blut die gleiche Farbe hatte. Es gibt herzlichen Beifall; dieses Lokal ist mehr oder weniger avantgardistisch und sein Publikum hat liberale Ideen. Und doch fühle ich mich nicht recht wohl. Vor einigen Wochen ist eine junge Negerin in Gesellschaft von weißen Freunden hierhergekommen, um ihre Negerkameraden zu hören, die beim Publikum einen großen Erfolg hatten: die Direktion weigerte sich, sie zu bedienen, und es gab einen kleinen Skandal. Man zollt einem Lied, einem Text Beifall, aber die Neger, die spielen und singen, wissen genau, daß sie nicht das Recht haben, unter dem weißen Publikum Platz zu nehmen. In ihrem Herzen dürfte nicht viel Freundschaft wohnen.

Vielleicht habe ich kein Glück gehabt, vielleicht auch liegt es an dem «Rückgang», jedenfalls haben mir die New Yorker Nachtlokale nicht sonderlich gefallen. Von Harlem abgesehen habe ich nirgendwo guten Jazz gehört. Im *Blue Angel*, das zur Zeit Furore macht, sollte ich – wie man mir zusicherte – alle Reize Europas und Amerikas vereint finden. Nun, es gab Spiegel, Teppiche, Kandelaber, Kristall, gedämpftes Licht und brave Attraktionen, alles in allem ein anspruchsvolles Lokal ohne jeden Charakter. In vielen dieser *nightclubs*, eleganten Restaurants und Bars der großen

Hotels herrschte eine «Teesalonatmosphäre», die mir die Luft abschnürt; weder der äußere Rahmen noch das Publikum zeichnen sich durch Geschmack oder wirklichen Luxus aus, sie atmen nur Reichtum und überall herrscht der gleiche Geruch nach Geld. Mir gefiel in der 52. Straße ein schmaler Korridor, wo ein Negerpianist alten Jazz spielte; Journalisten essen und trinken dort bis zum Morgengrauen. Auf der Lexington Avenue in der Nähe der 57. Straße gefiel mir auch eine kleine dunkle Bar mit breiten Holztischen, wo Männer sich einsam volltrinken. Bei *Tony's* und im *Tahy Ho* kann man sich unterhalten, sogar in aller Ruhe Briefe und Artikel schreiben. Aber das sind Ausnahmen. In fast allen Lokalen für die *middle class* verklebt einem eine schmalzige Radio- oder Grammophonmusik die Ohren und tötet einem schließlich das Gehirn ab. Nett sind in New York die vielen kleinen, volkstümlichen Bars in den Vierteln, deren Kundschaft ungefähr der unserer *cafés-biards* entspricht. Sie sind weltoffen, die Menschen leben dort ihr wahres Leben, man empfindet menschliche Wärme. Freilich kann man sich nur an die Theke setzen und trinken. Lange kann man dort nicht verweilen. Zum letztenmal für zwei Monate umkreise ich den Times Square, ich bummle über den Broadway und begreife. Nein, nirgendwo kann das, was dieser Himmel und diese Lichter versprechen, gehalten werden; nichts Fertiges harmoniert mit dem Glanz dieser Nächte; diese Fülle, von der ich träume, die mir von außen her zufiele – sie wird immer nur ein Phantom sein. Nie wird mir etwas anderes versprochen werden als mein eigenes Ich, und mein eigenes Ich ist nichts, wenn ich nichts aus mir machen kann. Die Nacht ist nur Dekoration – wenn ich versuche sie zu fassen, aus ihr die Substanz der

Augenblicke zu machen, die ich durchlebe, zerrinnt sie mir zwischen den Fingern. Etwas müßte mir passieren, etwas Wahres, und alles Übrige würde mir als Zugabe geschenkt werden.

13. Februar

DER ZUG bohrt sich in die Erde, über Park Avenue kommt er wieder ans Licht. Ich fahre fort, ich bin abgereist. Mein Herz ist zerrissen, als hätte ich jemanden verlassen. Ich hätte nicht geglaubt, daß ich eine andere Stadt so lieben könnte, wie ich Paris liebe. Fast jeden Vormittag fuhr ich im Autobus, im Taxi, in der U-Bahn durch diese Straßen, oder ich ging zu Fuß. Ich folgte den Ufern des Hudson; Kinder fuhren Rollschuh und andere amüsierten sich auf Schaukeln in kleinen Anlagen, die Schulplätzen ähnlich waren. Über meinem Kopf zogen Statuen dahin, Denkmäler, falsche Schlösser. Das Wasser war grün und jeden Augenblick bereit, sich in hartes Eis zu verwandeln. Der Wind peitschte das Wasser und blies mir einen kalten Duft ins Gesicht. In der Ferne wies die Washington Bridge majestätisch die Wege in ein anderes Amerika. Den East River ging ich hinauf bis zum Harlem-Ufer. Vor mir sah ich große, flache Inseln, übersät mit Fabriken, durch Eisenbrücken miteinander verbunden, durchpflügt von Straßen und Eisenbahnen. Ich bin über die Brooklyn Bridge gegangen, allein in einem schmalen Durchgang, der Wind fuhr durch das durchbrochene Geländer. Die Lastwagen und Eisenbahnzüge ließen die Eisenpfeiler erzittern. Gefährlich wie ein Gebirgspfad im Unwetter erschien diese Brücke. Die Türme der Battery zeigen von ferne, gerade und unbeweglich, die ruhige Starre mittelalterlicher Zinnen. Mein einsamer Spaziergang führte mich auf komplizierten Umwegen auf die Straße hinab, so wie ein steiler Abhang sich im Tal verliert. So habe ich auch im Herzen von New York zu meiner Überraschung Hügel angetroffen: dann und wann macht die Erde plötzlich einen Buckel, der nackte Felsen tritt ans Tageslicht, und von der Höhe dieses Aussichtspunkts sieht man eine ganze Ebene. Neben braven Universitätsgebäuden fand ich mich plötzlich am Rand eines Steilhangs, und von dort aus konnte ich, so weit das Auge trug, ein Schachbrett von roten und schwarzen Häuschen sehen; sie hatten flache Dächer und zwischen ihnen liefen Straßen auf dem dunklen Erdreich. Die Luft schien verdickt durch schwere Rauchschwaden – das war Bronx, seine Armut, seine Eintönigkeit. Auch mitten in Harlem stieß ich auf unmäßige Felsen, auf die gewundene Pfade führten. Von ihrer Höhe herab sahen Neger träumend auf die Silhouette der Wolkenkratzer, die am Horizont verschwammen. Stundenlang bin ich durch die Bronx gelaufen. Da war eine endlose Straße, die auf dem Rücken einer Erhebung hinlief. Zu meinen Füßen öffnete sich ein dunkles, von Zügen durchpflügtes Tal. Dort stieg ich hinab, verlor mich in unbekannten Straßen und stand plötzlich auf der großen, über den Harlem River führenden Metallbrücke. Unter mir das schwarze Wasser, rings um mich das Chaos der Vorstädte; und in den veilchenblauen Dämpfen, die zum Himmel aufstiegen, war die ganze Stadt gegenwärtig. Bei Anbruch der Nacht fuhr ich im Taxi am Ufer des Hudson entlang. Jenseits des Wassers, dort wo die Fabriken und Werkgelände von New Jersey waren, lag eine ganze Riviera im Lichterglanz …

Jetzt saust der Zug dahin. Er fährt durch eine nordische Landschaft; so stelle ich mir Kanada vor. Von Zeit zu Zeit sieht man in der Ferne das freie Meer, aber die tief in die Küste einschneidenden Buchten, die Seen, die Teiche sind mit Eis bedeckt. Die entlaubten Wälder liegen unter dem Schnee. Und das Blau des Himmels wölbt sich über dieser in Kälte erstarrten Landschaft.

Ich liebte New York und ich liebte mein Leben in New York: die Telefonanrufe, die mich morgens weckten, und die Briefe, die ich an der Theke des *drugstore* las, zeichneten mir mein Tagesprogramm vor. Begierig kaufte ich jede Woche das neue Heft des *New Yorker:* ich freute mich an seinem Umschlag in den glasierten Farben, an den elliptischen *cartoons,* vor allem aber an der lockenden Liste der Ausstellungen und Filme. Immer war irgendwo ein interessanter Film zu sehen: *Henry V., The Lady in the Lake, Brief Encounter, Laura, Journey into Fear, Conflict* … Und wie leicht ist es, sich in das New Yorker Leben einzugliedern! Vom frühen Morgen an stehen die Leute vor den Broadway-Kinos Schlange. Immer wenn man tagsüber eine Stunde totzuschlagen hat, sieht man sich Trickfilme oder die Wochenschau an. Vor allem aber nachts, in der dicht bevölkerten 42. Straße, ist das Kino zugleich Kirmes und nationale Belustigung. Am Times Square kann man die jüngsten Schöpfungen Hollywoods sehen, in der 42. Straße meist Cowboy-Filme, und die Filme, bei denen man eine Gänsehaut kriegt: *thrillings.* In Paris gab man vor zwanzig Jahren in einem kleinen Boulevardkino jede Woche einen dieser Schreckensfilme; sie haben sich seit dem Tonfilm kaum geändert. Wieder sah ich jene mörderischen Mumien, denen man zum Schluß einen Spieß durchs Herz jagt, wieder jene Vampire, die gierig das Blut Unschuldiger trinken, wieder jene Roboter, die blindwütig Tod und Schrecken säen... Bei jedem Erscheinen der Mumie heulte das Publikum – nicht vor Schrecken, sondern vor Vergnügen: man glaubt nicht mehr...

Die Trickfilme enttäuschten mich, sie sind erstarrt und mechanisiert. Und die Filme, die ich sah, gaben mir nicht New York, so wie ich es eines Abends erhoffte. Aber sie halfen mir doch, in Amerika Anker zu werfen. Ich sah die Leinwand nicht mehr mit den gleichen Augen wie in Frankreich. Der fremde Reiz der *drugstores*, der Straßen, der *lifts*, der Klingelknöpfe war verschwunden – es waren nur noch reale Einzelheiten. Aber dieser Realismus war poesievoller als jede Erdichtung. Die Leinwand verwandelte die Dinge des Alltags, schuf zwischen dem *drugstore* und mir jene Distanz, die immer zu schwinden schien, sobald ich einen Orangensaft zu mir nahm, und die dennoch auch weiterhin da war. Diese Schwarz-Weiß-Bilder hatten mir den ersten Eindruck von Amerika vermittelt, und auch jetzt noch erscheinen sie mir als dessen wahre Substanz; die Leinwand ist ein platonischer Himmel, an dem ich in voller Reinheit die *Idee* wiederfinde – die steinernen Häuser und die Neonlichter sind nur deren ungewisse Inkarnation.

Wir fahren durch New Haven. Große dunkle Docks, ein schwarzes Wasser. Es wird Nacht. Weit hinter mir flammt der Pfeil des Empire State Building auf, ich werde ihn nicht wieder sehen. Niemals wieder werde ich New York mit unbefangenen Augen sehen. Der erste Teil dieser Reise ist beendet.

Straßen, Museen, Bars, Kinos. Auch Menschen. Nie zuvor sah ich in so kurzer Zeit so viele neue Gesichter: Europäer im Exil, Amerikaner. Das Wort «Europäer», das ich nie in Frankreich gebrauchte, hier kommt es mir über die Lippen. Beendete ich eine Diskussion mit Amerikanern, dann schienen mir Italiener, Spanier, Franzosen, deutsche Juden alle die Kinder eines Vaterlands zu sein, das auch das meine ist: sie alle hatten den Sinn für die gleichen Werte, für das Wechselspiel aus Frage und Diskussion. Aber trotz dieser inneren Verwandtschaft war es nicht ihre Gesellschaft, die ich vorzog. Sie hatten sich einerseits zu sehr an Amerika gewöhnt, um es noch deutlich zu empfinden, andererseits aber waren sie noch nicht so eingewurzelt, um es mit gutem Grund zu lieben oder zu hassen. Fast alle verachteten das Land zu systematisch, als daß sie mir hätten helfen können, es kennenzulernen. Die Leute, die ich gern wiedersehen möchte, wenn ich wiederkomme, das sind jene freigeistigen Amerikaner, die am Leben dieses großen Kontinents teilhaben und sich nicht in ihm verloren haben. Viele, die ich nur flüchtig traf, gefielen mir durch Großzügigkeit, Wärme und herzliche Einfachheit, Dinge, die mich drei Wochen lang immer wieder überraschten. Wie sehr bedauere ich, daß ich ein Land nicht herzlicher lieben kann, wo die Herrschaft des Menschen sich in solcher Pracht offenbart, wo sich die Liebe des Menschen zum Menschen auf den ersten Blick so spielerisch zu verwirklichen scheint. Warum ist dieser gute Wille, von dem ich mich so oft umgeben fühlte, so vollkommen ohnmächtig? Wird er es immer sein?

7. April

New York. Ein schwarzer Träger mit roter Mütze nimmt uns die Koffer ab und gibt uns dafür eine Pappnummer. Karren und *lifts* bringen das Gepäck in eine Art Tunnel, in dem die gelben Taxis vorfahren; in rascher Folge besteigen die Ankommenden die Wagen, die sie in die Stadt bringen. Es ist 7 Uhr, in meinem Herzen fühle ich die gleiche Freude, wie wenn ich von einer Reise nach Paris zurückkehre: ich bin wieder in *meiner* Stadt.

Wenn ich zum Telefon greife, so ist das nicht mehr, wie vor zwei Monaten, ein Ruf ins Leere; die Stimmen sind meinen Ohren vertraut, und an der Freude, sie zu hören, erkenne ich, daß ich hier wirkliche Freunde habe. Diese Trennung hat New York zahmer gemacht. Am Horizont ist keine andere Welt mehr, von der sich diese Häuser, die Reklamen und Auslagen in sonderbaren Formen losreißen könnten – Europa ist vergessen, und es ist diese Welt hier, auf der mein Leben steht. Ich zeige N. die Straßen, Avenuen, Wolkenkratzer so stolz, als führte ich eine Provinzlerin durch Paris spazieren. Wenn ich in einen Autobus steige, so weiß ich, daß ich einen Zehner in eine Art Sparbüchse neben dem Führersitz stecken muß und daß der Druck der Füße automatisch die Ausgangstür öffnet. Ich weiß, wie man trotz des roten Lichts über die Straße kommt, wie man sich durch fahrende Wagen schlängelt, und ich käme nicht mehr auf die Idee, Treppen zu Fuß abwärts zu gehen. Und vor allem weiß ich überall, wo ich mich befinde und was mich umgibt. Wir essen oben im *Pent House* zu Mittag: das am Central Park gelegene Restaurant im 18. Stockwerk ist eine lange Terrasse hinter Glasscheiben; für die Gäste, die nicht den Vorzug haben, einen Fenstertisch zu erwischen, sind große Spiegel angebracht, mit deren Hilfe man, wenn auch nicht den Park selbst, so doch sein getreues Spiegelbild sehen kann. Unter mir sind die Bäume mit ihren jungen Blättern nicht nur irgendeine gleichgültige Vegetation: der Park ist mir so vertraut wie der Jardin du Luxembourg. Über den Rasen springen dicke graue Eichhörnchen, von Zeit zu Zeit erhebt sich eine Statue auf einem grünenden Fleckchen. Ich bin rund um das große Wasserbecken gelaufen, das von eisernen Gittern umgeben ist. Weiter, ganz im Norden, flanieren junge Neger in pastellfarbenen Anzügen durch die Alleen und schwarze Frauen sitzen auf Bänken und geben auf wollhaarige Kinder acht. Das alles ist mir gegenwärtig, auch über meinen Blick hinaus.

Am Nachmittag fahren wir nach *downtown*. Ich liebe diese unbestimmten Viertel zwischen Greenwich und der Battery. In einem Geruch von Verpackungsmaterial wird hier an Grossisten und Händler jene farblose Ware verkauft, die man in Paris um die Rue Réaumur herum findet: Nägel, Schrauben, Riegel, Federn und andere Eisenwaren; Baumwollstoffe, Bindfaden, Pappkartons, Fassungen, Glühbirnen, Türklinken, Wachstuch. In den alten Straßen, wo die Häuser nur zwei Etagen haben, und in den modernen Straßen, wo die Häuser so hoch sind wie in Paris, findet man diese Waren, die sonst im Alltagsleben keine eigene Existenz führen, tonnenweise. Kleine Lieferwagen rollen über den Fahrdamm, auf dem Packpapier herumliegt. Im Geschäftsviertel dagegen herrscht Ruhe. Ich hatte die Wall

▶ «Sheep Meadow» im Central Park, 1940

Street noch nicht um 17 Uhr gesehen. Die tiefen, schattigen Schluchten liegen fast verwaist. Die kleine rote Kirche schläft inmitten ihres Friedhofs zu Füßen der Steilwände. Plötzlich speien die Tore der *buildings* schwarze Fluten aus, eine menschliche Hochflut überschwemmt die Straßen und reißt uns mit sich fort. Gefügig lassen wir uns bis zum *ferry boat* von New Jersey treiben. Viele dieser Angestellten, Buchhalter, Sekretäre und Tippmädchen müssen jenseits des Hudson den Zug nehmen. Sie wollen so schnell wie möglich nach Hause kommen und ihren langen Arbeitstag nicht um eine Minute verlängern. Um diese Stunde ist es unmöglich, die Fußgänger zur Straßendisziplin anzuhalten. Um die temperamentvollsten Frauen einzuschüchtern, hat man, wie es scheint, prächtige, betörend lächelnde Polizisten ausgewählt – aber sie bleiben eigensinnig, und neulich ist ein *cop* beinahe gelyncht worden, weil er Anstalten machte, undisziplinierten Fußgängern eine Geldstrafe anzuhängen. Jeden Morgen und jeden Abend stehlen U-Bahn, Autobus und Eisenbahn den Arbeitern eine Stunde oder mehr. Man begreift, daß sie so leidenschaftlich wenigstens die Bezahlung der Minuten gefordert haben, die ihnen in Korridoren und Kleiderablagen verlorengehen, ein Verlangen, das abgelehnt worden ist.

Auf das *ferry boat* gelangt man durch einen richtigen Bahnhof, wo man gleich die Fahrkarten für die Züge nach New Jersey kaufen kann. Wir nehmen nur Billetts für die Überfahrt. Die riesige Fähre ist voll mit Menschen, die sich alle nach vorn gestürzt haben, um schneller aussteigen zu können; beim Anlegen rennen sie zu den Zügen. Wir steigen als letzte aus und stehen verlegen zwischen Zügen, Autos und Schuppen herum, die sich hinziehen, so weit das Auge blickt. Auf gut Glück steigen wir in einen wartenden Autobus. Wir fahren durch baufällige Viertel. In diesen von altem Gemäuer und finsteren Höfen gesäumten Straßen wohnen Schwarze und Weiße Seite an Seite in der gleichen, gemeinsamen Misere. Auf mancherlei Umwegen bringt uns der Bus zu einem *ferry boat,* ein wenig weiter flußaufwärts. Es wird Abend, und indem wir über den Fluß fahren und uns an das Geländer des leeren Schiffs lehnen, sehen wir die Lichter der Battery aufflammen. Das rote Leuchtfeuer an der Spitze des Empire State Building ist mir ebenso vertraut wie die Lichter des Eiffelturms. Und während ich es betrachte, fühle ich endlich, was ich in den Nächten vom Times Square vergebens suchte: ich gehöre New York – und New York gehört mir.

10. April

Nach langen Debatten und zahlreichen Verhandlungen sind gestern die Telefonisten in den Streik getreten. Um die Wahrheit zu sagen, man merkt fast nichts davon. Im Innern der Stadt funktionieren die Selbstwähler; Ferngespräche sind vom Streik betroffen, aber es genügt der Vorwand besonderer Dringlichkeit, um mit Miami oder Los Angeles verbunden zu werden. Aber die Affäre Eisler wiederholt sich: ein anderer kommunistischer Führer, Dennis, ist wegen Führung eines falschen Passes vor Gericht gestellt worden. Die Verfolgung wird immer systematischer und stößt in der öffentlichen Meinung kaum auf Widerstand.

Das Wetter ist in diesen Tagen regnerisch. Wenn ich

nicht bei meinen Freunden bin, besuche ich mit N. Bildergalerien und Museen. Gestern waren wir stundenlang im Naturgeschichtlichen Museum. Es ist nicht so reizvoll altmodisch wie unsere Museen, auch nicht so lustig wie der Jahrmarkt in Neuilly, aber die Sammlungen sind so reichhaltig, daß wir uns auch ohne Amüsement von diesem Universum der Natur nicht losreißen können. Es sind nicht nur prächtig ausgestopfte Tiere da, sondern auch die Landschaften, in denen sie gefangen wurden. Kostspielige Expeditionen haben diese Tiere aus der ganzen Welt zusammengesucht; bei den oft langen und schwierigen Jagden hat man aus der toten Beute den Löwen, den Gorilla ausgesucht, der die reinste Inkarnation seiner Gattung darstellt. Dann hat man mit Hilfe von Fotografien und Zeichnungen aufs sorgsamste die Landschaft, die ihn umgab, festgehalten und Proben von Steinen und Pflanzen mitgebracht. Das Ganze hat man in den Vitrinen wieder zusammengebaut, mit einem gemalten Augentrug als Hintergrund. Die Aufmachung ist zu gleicher Zeit so exakt und so falsch, die Bewegung des Tieres ist zu einer so definitiven Unbeweglichkeit erstarrt, daß man ein Unbehagen empfindet. Als wir in einem anderen Saal Indianer in Lebensgröße entdekken, die um ihr Wigwam herum gruppiert sind, glauben wir im ersten Moment, daß sie auch ausgestopft sind.

In Radio City, dem größten Varieté der Welt, sahen wir die *Rocketts*. Aber ein Varieté sieht aus wie das andere und ein *girl* wie das andere. Heute gehen wir in den Zirkus, der sich in Madison Gardens installiert hat. Die amerikanischen Intellektuellen verachten diese kindliche und barbarische Zerstreuung, freundliche Franzosen aber sprachen mir begeistert davon, wie von einem außergewöhnlichen soziologischen Phänomen. Wer aber den Zirkus liebt, braucht weder eine Entschuldigung noch eine Rechtfertigung, um auf den Rängen Platz zu nehmen: denn auch hier wird der Schatten einer Kindheitserinnerung zur Wirklichkeit – dies ist nicht ein Zirkus schlechthin, das ist *der* Zirkus, der größte der Welt, der luxuriöseste, und er bietet die allerfeinsten Nummern. In drei Manegen arbeiten Clowns, Jongleure und Akrobaten gleichzeitig; auch hier wieder Überfluß, denn mit nur zwei Augen kann man den Vorführungen dreier Truppen gar nicht folgen. Aber in diesem Rausch von Licht, Farbe und Lärm wird dieses Massenaufgebot zu einer Pracht, die mich blendet. Mehr noch als die Tollkühnheit der Drahtseilkünstler und die Geschicklichkeit der Seelöwen fasziniert der Rahmen selbst: die drei runden Manegen, die Trapeze, die Seile, die Strickleitern, die Scheinwerfer, die Pailletten der Kostüme, das Durcheinander der Requisiten, der Geruch der Menagerie und die kunterbunten Clownerien – denn die Attraktionen sind, trotz ihres Reichtums an Einfällen und ihrer vollendeten Darbietung, nur ein Vorwand. Von Zeit zu Zeit zieht, in Gold, Seide und Brokat, ein monströser Aufzug vorüber: Aschenbrödels Hochzeit, ein Empfang am englischen Hof zur Zeit der Königin Victoria. Du kommst nicht zur Besinnung – zwischen den Aufzügen tanzen, springen und purzeln Akrobaten, gelehrte Tiere und eine Armee von Clowns, Zwergen und Riesen durcheinander. Aber auch dieser Überschwang ist noch nicht alles. Zwischen den Rängen bieten Verkäufer nicht nur *ice creams* und Bonbons an, sondern Pfeifen, Trompeten, Peitschen und andere *gadgets*. Während *girls*, in den Strickleitern hängend, einen horizontalen Cancan tanzen, trompeten die Kinder und schlagen sich mit den Peitschen, die Eltern amüsieren sich indessen mit kleinen, mechanischen Spielzeugen. Ich weiß nicht, ob die Gier, mit der sie alles das mit den Augen und den Ohren aufnehmen, einen Rückschluß auf ihr ödes Alltagsleben zuläßt: in diesem Fall wäre es ein schwindelerregender Abgrund.

Jetzt schweigt das Publikum. Auf einem Seil, 30 Meter über dem Boden, wird ein Mann seilspringen. Kein Netz ist zu sehen, die Zuschauer atmen schwer. Ich selbst finde diese Angst unerträglich und bin entrüstet, daß Netze weder in Frankreich noch in Amerika vorgeschrieben sind. Ich weiß sehr wohl, daß gerade die Lebensgefahr diese Vorführung zu einem wirklichen Ereignis macht, denn jetzt ereignet sich tatsächlich etwas. Gerade das will der Akrobat, gerade das fasziniert das Publikum und auch mich. Nur die Nähe des Todes kann einem Augenblick des Lebens eine so packende Echtheit verleihen. Aber wer ist hier einer solchen Wahrhaftigkeit würdig? Sie tritt in einem Augenblick leichtester Zerstreuungen an uns heran, in einem Augenblick, der selbst bar jeder Wahrheit ist. Stierkämpfe lassen sich noch durch eine gewisse Weihe verteidigen: die Zuschauer nehmen in tiefem Ernst an ihnen teil, und das vergossene Blut des Tiers rechtfertigt, ja fordert sogar, daß auch das Blut seines Mörders fließt. Hier aber steht dem Akrobaten kein lebender Gegner gegenüber, er könnte, ohne sein eigenes Leben in Gefahr zu bringen, der Schwerkraft auch zwei Meter über dem Boden ein Schnippchen schlagen. Er hat keinen Gegner, der ihn bedroht, die physikalischen Gesetze werden ihn nicht töten – so ist es also das Publikum, das man als seinen Mörder ansehen muß. Aber es tut nichts dergleichen: es guckt zu, das ist alles.

Wenn es sich um ein wirkliches und nicht um ein imaginäres Schauspiel handelt, so wird seine Beziehung zum Zuschauer ein schwieriges Problem; hier wird der Tod – und das macht die Sache so abstoßend – aus Gründen, die rein für das Auge berechnet sind, herbeigerufen und damit verliert er seine Tragik. Die Erregung wird nicht durch eine in sich dramatische Situation hervorgerufen, wie sie etwa aus der Begegnung zwischen Mensch und Raubtier resultiert, nein: man gestaltet eine Situation dramatisch, um die Erregung hervorzurufen. So wird im Zirkus diese akrobatische Übung mit einer tödlichen Gefahr gewürzt; das hat zur Folge, daß deren Wahrheit negiert wird. Damit aber wird die Wahrheit des Todes selbst degradiert und dem Geld ein höherer Wert beigemessen als dem menschlichen Leben. Übrigens ist beim Stierkampf der Tod des Toreros nichts als eine vage Möglichkeit. Er gehört zur Schönheit des Dramas, aber er liegt weitab und hält den Zuschauer nicht in atemloser Spannung. Hier aber stürzt der Akrobat jeden Augenblick von der Höhe der Kuppel, um sich wie durch ein Wunder wieder aufzufangen: denn nicht daß sein Fuß wieder auf dem Drahtseil landet, schafft die Erregung, sondern daß er es nicht verfehlt. Der Erfolg der Nummer liegt im Negativen. Ein Jongleurakt ist an sich gefällig, diese Nummer aber ist ein einziges, langes Entsetzen.

Nach der Schlußparade der Elefanten leert sich der Zirkus tumultartig. Im Restaurant *MacCarthy* in der 2. Avenue treffen wir A. E. und N. G., den jungen zweiundzwanzigjährigen Schriftsteller, der Fred Astaire ähnlich sieht. Sein Buch hat einen Skandal verursacht, weil es in voller Offenheit päderastische Fragen behandelt und die Militärschulen heftig angreift. Die «Liga zur Unterdrückung des Lasters» hat gegen ihn Anklage erhoben, aber gerade der Skandal hat zu seinem Erfolg beigetragen und eine große Auflage zur Folge gehabt, die wiederum der Vorwand für dieses Dinner ist. Wir essen saftige T-bone Steaks; sie heißen so, weil das Fleisch am Knochen T-förmig geschnitten ist. Wir erstehen eine Flasche Whisky und gehen zu N. G. Solche Gelage sind selten. Ich kenne nun schon viele junge Schriftsteller und ihre schwierige materielle Lage. Nach einem ersten Bucherfolg gewährt ihnen der Verleger häufig eine ein- oder zweijährige Pension, in welcher Zeit sie ein neues Werk schreiben können. So liegt auch der Fall bei N. A., A. E. und N. G. Der Vorteil ist darin zu sehen, daß sie fürs erste der gröbsten materiellen Sorgen enthoben sind; der Nachteil ist, daß sie nunmehr in einer vorgeschriebenen Zeit ein zweites Erfolgsbuch schreiben müssen. Wenn sie nicht besondere Qualitäten, einen großen Ehrgeiz oder eine unbestechliche Ehrlichkeit besitzen, liegt die Versuchung nahe, daß sie sich wiederholen, statt etwas Neues zu bringen, daß sie versuchen einen *bestseller* zu fabrizieren, anstatt sich selbst zum Ausdruck zu bringen. Andere wieder leben von Übersetzungen, Journalismus, Kritik. Aber der Journalismus ist aufreibend, viele gehen hierbei zugrunde. Kritische Artikel werden schlecht bezahlt, sofern sie nicht in den großen Magazinen erscheinen. Alles in allem werfen Pensionen und Arbeit nur einen mageren Nutzen ab Alle diese Schriftsteller leben mit ihrer Frau zusammen, der richtigen oder der illegitimen – die wilde Ehe ist weit mehr verbreitet, als ich annahm. Und in allen diesen Ehen arbeitet auch die Frau: diese als Bedienung in einem *drugstore*, jene als Verkäuferin in einem großen Geschäft, eine andere als Lehrerin. Nahrung und Kleidung sind gut bürgerlich, aber von einem Wagen kann nicht die Rede sein. Mahlzeiten im Restaurant sind sehr selten, Reisen noch seltener. Häufig kommt man überhaupt nicht aus der Stadt heraus, und ich kenne die Landschaften Amerikas weit besser als alle meine Freunde. Die Wohnungseinrichtungen sind ebenso bescheiden wie diejenigen kleiner französischer Intellektueller: ein oder zwei Zimmer, viele Bücher, wenig Möbel. Nur der Komfort des Badezimmers und des *frigidaires* ist ein Beweis für den höheren amerikanischen Lebensstandard. Alle ohne Ausnahme haben eine Schreibmaschine; mit der Hand zu schreiben erscheint ihnen so extravagant wie seinen eigenen Anzugstoff zu weben. Ihr eigentlicher Luxus ist der prächtige *pick-up*, den ich bei allen fand, sogar bei R. C., der weder einen Baderaum noch einen *frigidaire* besitzt. Sie haben den Jazz so nötig wie das tägliche Brot, er ist ihre einzige Abwechslung während des Arbeitstags, ihr einziges Gegengift gegen den öden Konformismus Amerikas, ihr einziger Ausblick auf das Leben. Um eine Ahnung davon zu haben, was der Jazz einem jungen amerikanischen Schriftsteller bedeutet, muß man die erstickende Tretmühle und die verzweifelte Einsamkeit seiner Tage kennen. In Frankreich und Italien, in Spanien und Mitteleuropa bietet das Kaffeehausleben dem Intellektuellen und dem Künstler nach des Tages Arbeit Entspannung im Kreise von Kameraden, Ansporn und angeregte Unterhaltung: nichts dergleichen hier. Selbst Zusammenkünfte wie heute abend sind sehr selten. Die *parties* sind eine gesellschaftliche Verpflichtung, der man sich von Zeit zu Zeit unterwerfen muß, aber sie sind mehr Zerstreuung als Unterhaltung, und es ist sehr selten, daß die Schriftsteller dort unter sich sind. In Paris gewinnt bisweilen das literarische Leben die Oberhand über die Literatur selbst. Das ist nicht gut, aber das Fehlen jeglichen literarischen Lebens ist noch schlimmer. Es ist begreiflich, daß Hollywood und alle Trugbilder eines leichteren Lebens eine gefährliche Versuchung für den begabten Schriftsteller sind und daß diejenigen, die in der Misere schaffen, den Mut verlieren. Es gehört viel Selbstentäußerung und innere Kraft dazu, um lange durchzuhalten. Hier sehe ich auch den Grund für eine Erscheinung, die mir lange Zeit rätselhaft erschien: daß so viele Schriftsteller nach einem sehr guten oder doch zumindest vielversprechenden Buch für immer in Schweigen versunken sind. Die Liste dieser Einzelkinder ist lang. Sie sind ein schlagender Beweis für die Möglichkeiten, die der Einzelmensch in diesem Land hat, und für die Art und Weise, wie sie von der amerikanischen Zivilisation abgetötet werden.

Wir hören alten Jazz: Armstrong-Platten aus der großen Zeit, Lieder von Bessie Smith, der schwarzen Sängerin, die an den Folgen eines Autounfalls starb, weil man ihre Einlieferung in ein weißes Krankenhaus ablehnte. Wir hören auch eine folkloristische Musik, älter noch als der Jazz: die Begräbnislieder, die man in New Orleans sang, die Arbeitslieder der Plantagen-Neger aus der Sklavenzeit. [...]

11. April

Ich zeige N. die Bowery, das jüdische Viertel, das chinesische Viertel. Auf einen Cocktail gehen wir zu unseren Freunden L., und nachdem wir in einem französischen Restaurant zu Mittag gegessen haben, entführt uns A. E. nach der 52. Straße, wo wir den Trompeter Sidney Bechet hören sollen. Er ist einer der letzten Musiker, der noch im reinen Stil von New Orleans spielt. Er war eine Berühmtheit in Amerika und hat auch in Frankreich gespielt. In Paris hat er einen anderen schwarzen Musiker im Verlauf eines Streits getötet und ein Jahr Gefängnis verbüßt; in dieser Zeit sind seine Haare ganz weiß geworden. Heute ist er ein alter Mann mit einem zerfurchten Gesicht. Ein Pianist begleitet ihn. Die Attraktion ist nicht groß genug – der kleine *nightclub* ist leer. Es sind noch drei junge Leute am Nachbartisch da, die begeistert zuhören: sie gehören fraglos zu derselben Art wie der kleine Italiener in New Orleans. Sie hören zu, so wie andere beten. Aber kein Publikum könnte sich Bechet erträumen, das seines Genies würdiger wäre als die Frau mit dem schwarzen Gesicht und der weißen Schürze, die von Zeit zu Zeit durch eine kleine Tür hinter dem Podium erscheint. Es ist zweifelsohne die Köchin, eine starke Frau von ungefähr 40 Jahren mit einem müden Gesicht, das aber von großen, wachen Augen belebt ist. Die Hände flach auf den Bauch gelegt, lauscht sie mit religiöser Andacht der Musik. Ihr verbrauchtes Gesicht verwandelt sich allmählich, ihr Körper deutet den Rhythmus eines Tanzes an, sie tanzt, unbeweglich, Friede und Freude sind in ihr eingekehrt. Sie hat Sorgen, hat Unglück gehabt, sie vergißt Sorgen und Unglück, vergißt ihre Scheuerlappen, ihre Kinder, ihre Krankheit – sie hat keine Vergangenheit, keine Zukunft, sie ist glücklich: die Musik macht ihr Leben, allen Schwierigkeiten zum Trotz, lebenswert, die Musik rechtfertigt das Dasein. Sie tanzt, unbeweglich, mit einem Augenlächeln, das weiße

Gesichter nicht kennen, in denen nur der Mund sich zu einer Grimasse der Heiterkeit verzieht. Wenn man sie betrachtet, begreift man die Größe des Jazz noch besser, als wenn man Bechet selbst hört.

Daß die weißen Amerikaner den Jazz immer weniger begreifen, ist mir klar geworden. Er gehört nicht, wie ich meinte, zu ihrer täglichen Nahrung. Es gibt hier eine ausgedehnte Einrichtung, *music by musak* genannt, die zu jeder Tagesstunde Musik auf Bestellung verzapft. Sie haben eine Menge Programme: für Trauerfälle, für Verlobungen und Hochzeiten, für *cocktailparties*, für Bars und Restaurants. Auch durch die Fabrikräume rauscht während der Arbeitsstunden Musik. Und jedes Lokal besitzt seine *jukebox*. Beim Essen, bei der Arbeit, in seinen Ruhestunden, in jeder Minute des Tages, und dank dem Radio sogar im Auto ist der Amerikaner von Musik umrauscht. Manche tragen ihr tragbares Radiogerät, dessen Preis lächerlich gering ist, mit sich herum. Nie aber bietet man dem Amerikaner Jazz: man bietet ihm Sinatra oder Bing Crosby, gezuckerte Melodien, die man *sweet music* nennt und die ebenso süßlich sind wie die *sweet potatoes*. In den Nachtlokalen hört man meistens *sweet music* oder auch *sweet jazz*, einen Bastard des Jazz. Das Publikum liebt die großen, für das Auge berechneten Orchester, die nur geschriebene Musik spielen können. Schwerwiegender ist, daß selbst die, die vorgeben, den wahren Jazz zu lieben, ihn verfälschen; und da die Neger zu ihrem Broterwerb nur auf die weiße Kundschaft angewiesen sind, werden sie zwangsläufig zu Mitschuldigen an dieser Verfälschung. Vergleicht man Bechet oder die kleinen Orchester von New Orleans oder die alten Platten von Armstrong und Bessie Smith mit dem heute üblichen Jazz, so wird einem klar, daß die Amerikaner diese brennende Musik ihres menschlichen, empfindungsreichen Inhalts beraubt haben. Trauer, Arbeit, Sinnlichkeit, Erotik, Freude, Traurigkeit, Auflehnung, Hoffnung – immer brachte die schwarze Musik etwas zum Ausdruck, und der *hot* war die leidenschaftlich-fiebernde Form dieses Ausdrucks. Das Gegenwärtige war hier in seiner konkreten Wirklichkeit Musik geworden, das heißt, beschwert mit dem Gewicht eines Empfindens, einer Situation; einer Vergangenheit und einer Zukunft verhaftet. Voller Verachtung kehren die Amerikaner der Vergangenheit den Rücken («Wie, Sie interessieren sich noch für den alten Faulkner?» fragte mich ein skandalisierter Verleger) – die kollektive Zukunft gehört einer privilegierten Klasse, der *pullman class*, ihr allein steht das Recht zu, in großem Maßstab zu unternehmen und zu schaffen. Die anderen können sich in dieser stählernen Welt, deren Räderwerk sie sind, keine eigene Zukunft bereiten: sie haben weder Ziel noch Trieb, weder Wünsche noch Hoffnungen, die sie über das Gegenwärtige hinaus verpflichten, sie kennen nur den unendlichen Kreislauf der Jahreszeiten und Stunden. Aber von Vergangenheit und Zukunft abgeschnitten hat die Gegenwart keine Substanz mehr, ist nichts mehr, nur noch ein reines, leeres Jetzt. Und weil es leer ist, kann es sich nur durch äußere Mittel behaupten: es muß aufreizend sein. Was den Amerikanern am Jazz gefällt, das ist sein Betonen des Augenblicks. Da aber der Augenblick für sie abstrakt ist, so ist es ein abstraktes Betonen, das sie verlangen; sie wünschen Geräusch und Rhythmus – sonst nichts. Natürlich kann man Geräusch und Rhythmus auch kunstvoll und mit hohem Können orchestrieren, so daß die Gegenwart vom Tod zum Leben erwacht – aber der Sinn des alten Jazz ist verloren. A. E. sagt mir, daß die jüngste Form des Jazz, der *be-bop*, dieses Auseinanderklaffen noch deutlicher zeigt. Ursprünglich war das ein *superhot*, er sollte den Herzschlag des Lebens zum Ausdruck bringen, das Zucken eines empfindsamen, heißen Herzens. Aber aus diesem inneren Fieber haben die Weißen, und die Schwarzen in ihrem Kielwasser, ein rein äußeres Zucken gemacht; bewahrt haben sie nur einen keuchend-rasenden Rhythmus, der aber nichts mehr bedeutet. Ein solcher Übergang zur Abstraktion bleibt nicht auf den Jazz beschränkt. In den Bildergalerien und bei der Lektüre gewisser Bücher der Jungen hat mich die allgemeine Verbreitung dieses Phänomens frappiert. Auch Kubismus und Surrealismus sind ihres Inhalts beraubt worden. Geblieben ist nur das abstrakte Schema. Diese Kunstformen, die einmal in Europa lebende Sprachen gewesen und durch den eigenen Rhythmus ihres Lebens zugrunde gegangen sind, hier findet man sie intakt, aber einbalsamiert wieder vor. Man schafft und reproduziert sie mechanisch, ohne gewahr zu werden, daß sie nichts mehr sagen. In diesem Land, das sich so glühend einer konkreten Zivilisation zuwendet, kommt mir das Wort Abstraktion täglich über die Lippen. Ich muß noch herausbekommen, welches der eigentliche Grund hierfür ist.

12. April

GESTERN ABEND IST AUF DEM BROADWAY der letzte Film von Chaplin *Monsieur Verdoux* gegeben worden. Der

Andrang war groß und wird es fraglos noch wochenlang sein. Wir gehen in die Nachmittagsvorstellung, um leichter Plätze zu bekommen. Die Kritiken sind in allen bürgerlichen Zeitungen abfällig gewesen. Man hat den Film als antiamerikanisch, antisozial, unmoralisch und so weiter hingestellt. Ich wäre glücklich gewesen, wenn ich ihn hätte gut finden können. Chaplin ist weder ein Mensch noch ein Mythos gelungen; man hat den Eindruck, seine eigene Kühnheit habe ihn eingeschüchtert. Ohne Zweifel ist auch der Übergang von einer spontanen, urwüchsigen zu einer bewußten und klassischen Kunst schwer. Ich denke da an einen holländischen Maler, dessen Bilder ich in Utrecht sah; er malte mit einem routinierten, aber fesselnden Talent die Porträts der Größen seiner Stadt. Er ging nach Italien und brachte nur noch klägliche Tizian-Nachahmungen zuwege.

Heute abend geht unsere ganze Bande ins chinesische Theater. Es liegt selbstverständlich im chinesischen Viertel, wo ich zu Abend esse und ein wenig mit N. spazierengehe. Chinatown ist eine viel geschlossenere Gemeinschaft als Harlem; sie hat nicht nur eine Kultur, die von der amerikanischen abweicht, sondern auch eine autonome eigene Regierung. Ich weiß nicht, warum man Chinatown hier für weniger authentisch hält als in San Francisco, mir selbst kommt es viel lebendiger vor. Es ist eine der wenigen Gegenden von New York, wo die Leute flanieren, und ich selbst liebe es, hier zu flanieren und die Basare anzuschauen, wo Gewürze und Fruchtpasten verkauft werden, Muschelpuppen, geschliffene Gläser, exotische Näschereien und billige Nippsachen, die viel amüsanter sind als die kostspieligen Töpferwaren von Grant Street. Die Restaurants sind Höhlen, die von Drachen und rot und gold lakkierten Pagoden bewacht sind. Die schönen Farben dieser Schutzwände beleben das Grau der Straßen, die mit ihren entfärbten Reklamen das Elend der Bowery teilen, in die sie münden. Chatham Square zeigt Gelbe und Vagabunden in buntem Durcheinander. An diesem Verkehrsmittelpunkt kreuzen sich die Hochbahnen, die Eisenkonstruktionen laufen durcheinander, der ganze Platz gleicht einem dunklen Kellergewölbe mit einer metallisch-schwarzen Decke. [...]

19. April

AUS DER HEUTIGEN MORGENZEITUNG greife ich zwei kleine Begebenheiten auf, die, gegeneinander gehalten, recht bezeichnend sind. Der Negersänger Paul Robeson sollte ein Konzert in Peoria geben. Im letzten Augenblick wurde das Konzert unter dem Vorwand, Robeson sei Kommunist, untersagt. Man unterstreicht die Tatsache, daß ihm der Zutritt zum Saal verweigert wurde, nicht weil er Neger, sondern weil er Kommunist sei.

Auf der anderen Seite hat eine amüsante Episode ihren Abschluß gefunden. Vor einigen Wochen überfuhr ein Chauffeur, dessen Autobus voller Fahrgäste war, sämtliche Haltestellen, ich weiß nicht mehr welcher Avenue; auch an der Endstation machte er nicht halt und sauste unter dem lebhaften Protest seiner Fahrgäste die große Ausfallstraße entlang. Schließlich ließ er doch die Leute aussteigen, er selbst aber setzte seelenruhig seine Fahrt bis nach Florida fort. Bei seiner Verhaftung und Vernehmung erklärte er gut gelaunt: «Meine Strecke war zu langweilig. Ich wollte immer schon einmal Florida sehen. Eines schönen Tages sagte ich mir: warum soll ich nicht bis Florida weiterfahren? Und so fuhr ich denn bis Florida weiter.» Dieser Chauffeur ist ein Nationalheld geworden. Weit davon entfernt, davongejagt zu werden, hat er gestern, inmitten von Ovationen, seinen Dienst wieder aufgenommen. Man hat ihn interviewt und hundertmal fotografiert, in allen Zeitungen sieht man ihn lachend am Volant seines neuen Autobus, den man ihm soeben anvertraut hat. Vielleicht ist eine solche Burleske nur in New York möglich; Freunde sagten mir, dergleichen hätte sich zum Beispiel in Chicago nicht ereignen können. Aber alle Amerikaner sind von solchen Frechheiten begeistert, auch dann, wenn sie selbst außerstande sind, sie zu begehen; sie erblicken in ihnen den schlagenden Beweis ihrer Freiheitsliebe. Dieser Chauffeur ist eine «Type», ein Original, das jenen Individualismus, auf den Amerika so stolz ist, eindeutig zum Ausdruck gebracht hat. In Frankreich wäre er nie wieder eingestellt worden, Amerika ist solchen lausbübischen Kaprizen gegenüber weit nachsichtiger, sofern sie die Autorität des Landes nicht ernstlich gefährden. Ich kannte eine brave und aufrechte Mutter, deren Kinder von allen ihren Spielgefährten beneidet wurden, weil man ihnen lächelnd gestattete, auf die Bäume zu steigen, sich zu verprügeln und den alten Lehrern die Zunge herauszustrecken. Die Töchter heirateten, als sie älter waren, gefügig die Männer, die man für sie ausgewählt, und die Söhne traten in die Berufe ein, die man für sie bestimmt hatte; die Freude und der Stolz, die sie in ihrer Unabhängigkeit fanden, hatten sie in den Händen ihrer Eltern zu einer unterwürfigen Beute gemacht. Der Autobuschauffeur würde gewiß jedem ins Gesicht lachen, der vor ihm die Freiheit des amerikanischen Bürgers in Zweifel ziehen würde. Paul Robeson dagegen hatte keinerlei Lausbüberei im Sinn – er wollte nur singen.

«Unsere Demokratie ist nur noch eine Pseudodemokratie», sagte mir am Nachmittag ein Freund, der diese Ereignisse mit mir besprach. «Das Wort Freiheit hat jeden Inhalt verloren. Kein einziges Recht mehr wird dem Individuum garantiert, es ist der Willkür ausgeliefert.» Und tatsächlich werden heute zwei Prinzipien nacheinander und zusammen auf den Schild erhoben, die so ineinander übergehen, daß der Mensch in eine verhängnisvolle Falle gerät: «Das Interesse der Allgemeinheit geht dem Interesse des einzelnen vor», sagt man, und gleichzeitig: «Jeder ist frei und Herr im eigenen Haus.» Wenn also ein Bürger als «Roter» angesehen wird, so wird er aus dem Staatsdienst im Interesse der Allgemeinheit entlassen; die privaten Betriebe aber werden sich auch weigern, ihn zu beschäftigen – das ist ihr gutes Recht, denn «jeder ist frei». Auch dieser Bürger ist frei, ein Roter zu sein und Hungers zu sterben. Im Namen des ersten Prinzips wird das Streikrecht beschränkt und werden die Gewerkschaften ruiniert; im Namen des zweiten sind gegen rassische Minderheiten oder politische Parteien alle möglichen privaten Unterdrückungsmethoden erlaubt. Und es ist eine traurige Wahrheit, daß das «Interesse der Allgemeinheit» nur das einer bestimmten Kaste von Bürgern ist, das sind die, die vom Regime profitieren und auch noch weiterhin profitieren wollen. Und die anderen sind nur frei, soweit sie sich unterwerfen, was wohl die abstrakteste aller Freiheiten ist.

Man berichtet mir von einem Zwischenfall, bei dem diese Täuschung klar zutage tritt. Ein jüdischer Captain wollte in Baltimore ins Schwimmbad gehen, man erkennt ihn als Juden und untersagt ihm den Zutritt. Entrüstet schreibt er an eine Zeitung, sein Brief wird abgedruckt und zieht andere entrüstete Zuschriften nach sich. Auch diese druckt man ab. Ein Leserbrief aber wendet ein: alle Welt scheint zu vergessen, daß der Besitzer der Badeanstalt das Recht hat, nur solche Kundschaft zu akzeptieren, die ihm angenehm ist. Die Zeitung schließt: man kann an dieser Geschichte die Freiheit bewundern, die der amerikanische Bürger genießt. In voller Freiheit hat der jüdische Captain Zutritt zu dem Schwimmbad verlangt, in voller Freiheit ist er ihm verweigert worden; in voller Freiheit hat der Captain an die Zeitung geschrieben, die seinen Brief abdruckte, so wie sie auch die Briefe seiner Parteinehmer abdruckte und die, die eine andere Meinung vertraten. So hat also jeder von seiner Freiheit Gebrauch machen können.

Man könnte daraus leicht den Schluß ziehen, wie das auch bisweilen geschieht, daß das demokratische Ideal in den Vereinigten Staaten nur noch eine scheinheilige und zynisch ausgebeutete Lüge sei. Das aber wäre nicht völlig richtig. Dieses Ideal, so wie es in der Unabhängigkeitserklärung ausgedrückt wurde und heute noch täglich in Reden und offiziellen Urkunden zum Ausdruck kommt, ist mehr als ein leeres Geschwätz. Die Ehrfurcht vor der menschlichen Persönlichkeit und den Grundsätzen, die ihre Rechte garantieren, ist tief in den Herzen der Amerikaner verankert. Es herrscht bei ihnen ein wirklich demokratisches Klima, und das ist es ja gerade, was auf den ersten Blick das Land so anziehend macht. Die ungleich verteilten Vermögen sind nicht von einer Klassenhierarchie überbaut: der mittlere Lebensstandard ist so hoch, daß die Existenz der Begüterten keinen Minderwertigkeitskomplex schafft. Der reiche Amerikaner ist nicht hochmütig und der arme nicht knechtisch. Im Alltagsleben gestalten sich die Beziehungen von Mensch zu Mensch auf dem Boden der Gleichheit. Der gemeinsame Stolz, den jeder aus seinem Titel als amerikanischer Bürger schöpft, macht das gegenseitige Verstehen leicht. Jeder kann über sein bescheidenes Los hinwegsehen bei dem Gedanken, daß er an dem Leben einer großen Nation teilnimmt. Jeder anerkennt in dem anderen seinen Nächsten und wünscht, daß die Würde des Menschen und Amerikaners diesem Nächsten genauso zuteil werde wie ihm selbst: so erklären sich die Weitherzigkeit, das Entgegenkommen und die Freundschaft, die Amerika so anziehend machen. Wahr ist es auch, daß man, einmal in diese Gemeinschaft eingegliedert, nur auf ein Minimum von Zwang stößt: so hat man mir zum Beispiel kein einziges Mal meine Papiere abgefordert. Und daß eine kühne Frechheit, wie die des Chauffeurs, und noch so manche andere, möglich ist, das darf man letzten Endes auch nicht übersehen. Es wäre falsch, den Sinn für Unabhängigkeit und menschliche Würde, dem man überall in so zahllosen Beispielen begegnet, für unecht zu erklären. Aber wahr ist, daß die Kluft zwischen dem Ideal und der Wirklichkeit täglich größer wird. Der Idealismus eines Jefferson ist dem heutigen Leben nicht mehr angepaßt, zwischen seiner Formulierung und seiner Realisierung ist die Diskordanz so groß, daß man versucht ist, von reiner Scheinheiligkeit zu sprechen; diese Diskordanz hat ihren Grund nicht in einer unausgesprochenen Verachtung der großen Grundsätze, die man ohne Scham positiveren Interessen opfern würde, sondern darin, daß sie in ihrer überalterten Form auf das moderne Leben keine Anwendung mehr finden können. Die Gleichheit und die Freiheit, die sie gestatteten, haben durch die Erfordernisse der gegenwärtigen Lage ihren Sinn verloren.

Die Amerikaner haben niemals eine *tatsächliche* ökonomische Gleichheit gefordert; sie anerkennen, daß das Lebensniveau der Menschen unterschiedlich ist, wenn jeder Bürger die *Möglichkeit* hat, sich aus eigener Kraft weiterzubringen. Aber gerade hier beginnt die Täuschung. Zur Zeit der Pioniere, als das Land unbegrenzt war, als die Bodenschätze nicht ausgebeutet wurden und eine wirkliche Anarchie in der Wirtschaft herrschte, standen sich die Menschen noch nicht durch die bloße Tatsache ihrer Existenz im Weg. Es gab eine wirklich freie Konkurrenz und die Worte Freiheit und Gleichheit gerieten nicht in einen Konflikt. Der Mensch hatte alle Möglichkeiten, soweit ihn nicht ein positiver Akt daran hinderte. Heute ist die Neue Welt so erstarrt wie die Alte, die Gesellschaft hat ihre Beweglichkeit verloren, das Kapital ist in festen Händen und die Aufgaben des Arbeiters sind aufs peinlichste festgelegt. Auch die Erfolgsaussichten liegen fest: von Anbeginn hat der Mensch keine offene Zukunft, sein Platz im Räderwerk bestimmt sein ganzes künftiges Leben. Gewiß, ein paar Zufallserfolge lassen den geliebten Mythos vom *selfmademan* immer wieder aufleben; aber das ist die gleiche Täuschung, die etwa ein Lotterielos einer Schatzanweisung gleichstellen würde: jedes Los kann gewinnen, aber der Prozentsatz der Gewinnlose ist ungemein klein. Man reitet hier auf dem zweischneidigen Wort *Chance* herum, dessen genauer statistischer Wert sehr wesentlich verschieden ist von der vagen, individuellen Bedeutung, hinter der sich ungewisse, zauberhafte Versprechungen bergen. In einer Zeit, in der die Wirtschaft nicht mehr individualistisch ist, muß man es als unwahr bezeichnen, wenn man noch jedes Individuum als einen besonderen Fall ansieht: es hat nur noch die Besonderheit einer Nummer, es ist, ohne es zu wissen, dem Gesetz des Durchschnitts unterworfen; es gleicht jenem Stein, von dem Spinoza erzählt, welcher meint, er rolle kraft eigener Entschließung und der doch nur dem Trägheitsgesetz unterliegt. So wird sein Teilhaben am Leben des Landes zu einer Selbsttäuschung – in Wirklichkeit ruht das Geschick der Vereinigten Staaten nicht in gleicher Weise in den Händen aller ihrer Bürger. Es gibt eine herrschende Klasse, der mittlere Amerikaner aber dient – indem er glaubt, Amerika zu dienen – nur einzelnen konkreten Interessen, die nicht die seinen sind. Das aber heißt, daß es keine wahrhafte Freiheit und auch keine Gleichheit gibt. Gewiß, man kann sich immer für frei halten, wenn man innerhalb der einem zugewiesenen Grenzen bleibt, und die ganze Geschicklichkeit des Regimes beruht darin, die Bürger in diesen Grenzen zu halten, ohne den Zwang sichtbar werden zu lassen. Wer aber ausbrechen will, rennt gegen Mauern an. Der Mittelstandsbürger hat auf das Wirtschaftsleben keinen und auf das politische Geschick seines Landes nur einen schwachen Einfluß. Der Überfluß an Kleidung, Büchern, Filmen, Zeitungen und so weiter gibt ihm die Illusion, er habe die Auswahl; tatsächlich aber ist er passiv. Es gibt viele Gründe, warum er sich mit dieser Passivität bescheidet. Hier darf man unter anderem den Konservativismus der Amerikaner nicht außer acht lassen, von dem mir eines Tages die Studenten von Oberlin sprachen, und der trotz ihrer raschen Fortschritte auf materiellem und technischem Gebiet so tief verwurzelt ist. Das amerikanische Credo erscheint als der Ausdruck eines höchsten, zugleich natürlichen und göttlichen, in den Sternen geschriebenen Gesetzes, und man kann sich nicht vorstellen, daß seine Handhabung für den irdischen Gebrauch abgeändert werden müßte. So kann man die Meinung vertreten, daß die Amerikaner das idealistischste und zugleich das positivste Volk der Welt sind. Sie haben eine solche Ehrfurcht vor ihrem Ideal, daß sie es in einen unnahbaren Himmel verlegt haben. Und gleichzeitig entschlüpft ihr Realismus dem Zugriff der Moral: man braucht nur zu sehen, mit welcher Leichtigkeit diese aufrechten Menschenfreunde den Gedanken an einen Krieg aufgreifen, wenn dessen Zweckmäßigkeit ihnen erwiesen scheint. Der dickköpfige Idealist ist auch zugleich der hilfloseste, sowie man ihm auseinandersetzt, daß man der Realität ins Auge sehen muß. Das kann er nicht ableugnen, und da die Realität nicht sein Ressort ist, findet er sich bereit, alle Entschließungen der Spezialisten zu akzeptieren. Der amerikanische Moralismus müßte, anstatt in Ehrfurcht vor einem überalterten Gesetz zu erstarren, einen neuen, lebendigen Auftrieb erhalten. Ein paar Menschen bemühen sich hierum, zahlreicher und mächtiger aber sind die, die diese Bemühungen unterminieren, denn die Kluft zwischen einem allzu entfernten Himmel und unserer Erde erlaubt ihnen, diese Erde zu ihrem eigenen Nutzen auszubeuten. [...]

29. April

[…] Ich habe die Gegend von Times Square verlassen, dort wohnen die wirklichen New Yorker ebensowenig wie etwa die Pariser auf den Champs-Élysées. Ich habe mich in Greenwich im *Brevoort Hotel* installiert, einem alten französischen Hotel, dem einzigen, das im Sommer eine Terrasse zaghaft bis auf den Gehsteig vorbaut. Fast alle meine Freunde wohnen in den benachbarten Straßen: bis zu den Wrights ist es nur ein Sprung, oft gehe ich morgens zu R. C. hinauf, um mit ihm über die Übersetzung meiner Artikel zu sprechen; und ich treffe Bekannte an der Ecke der 5. Avenue so wie in Paris auf der Place Saint-Germain-des-Prés. «Ich sah Sie gestern unter meinem Fenster vorbeigehen», sagt mir P. B., der meinen Weg kreuzt. Und während ich die Auslage eines Antiquitätengeschäfts betrachte, kommt eine Studentin von Vassar aus einer Buchhandlung, um mir guten Tag zu sagen: ein wirkliches *quartier*-Leben. Ich gehe gern in Greenwich spazieren. Die Frauen tragen hier Schuhe mit flachen Absätzen und Flanellhosen, die Männer Samtjacken: vielleicht liegt ein wenig zur Schau getragene Bohème in dieser Kleidung, aber sie ist mir lieber als die Federn, Pailletten und die Zweispitze der *uptown*. Wenn ich Lust habe, mich unter das volkreiche Gewimmel von New York zu mischen, so brauche ich nur vier Blocks weiterzugehen und schon befinde ich mich inmitten des betäubenden Lärms der 14. Straße: *drugstores, dollarshops*, billige Pelzwaren, Schuhe, Wäsche, Konfektion, der märchenhafte Überfluß der großen Kaufhäuser für magere Geldbeutel; die Menge drängt sich in den *cafeterias* und Automaten-Restaurants, und sie wird immer armseliger, je näher man an die Bowery herankommt. In einem großen Café, das ich betrat, waren nur Männer, Pennbrüder, von denen die meisten nichts verzehrten. Stehend, an die Pfeiler gelehnt, warten sie, ich weiß nicht worauf. Will ich aber Schweigen und Ruhe genießen, dann suche ich die kleinen Straßen unterhalb Washington Square auf: von zwei- bis dreistöckigen Häuschen umsäumt, liegen sie friedlich da wie Sackgassen; wer nicht gerade in ihnen wohnt, kommt dort nicht durch. Mäßiger Verkehr herrscht auf der Greenwich Avenue und der 8. Straße, dort kann man bummeln, wie man durch die Rue Bonaparte oder die Rue de Seine bummelt, und ich kenne dort schon die einzelnen Geschäfte. Hier gibt es viele Buchhandlungen, in denen seltene Bücher verkauft werden, Antiquitätengeschäfte und Schmuckläden, in deren Auslagen das ziselierte Silber und die Türkise von Santa Fé feilgeboten werden. Hier findet man Schätze, die einen an die goldenen Zeiten des Pariser Flohmarkts erinnern: antike Stoffe, Kasaks, merkwürdige Blusen und Kleider, so wie sie einst die Künstlerinnen von Montparnasse in der Nähe der Porte de Clignancourt erstanden; man sieht auch breite, genagelte Gürtel, Phantasiesandalen, Teppiche, Jacken, Röcke aus Stoffen, die in Mexiko oder Guatemala gewebt wurden. So viele bunte und lebendige Dinge findet man in keinem einzigen Geschäft von *uptown*. Wenn ich vom Herumlaufen ermüdet bin, setze ich mich auf eine der sonnigen Bänke von Washington Square: dort wärmen sich nachdenklich alte Leutchen, Arbeiter ruhen sich aus, Studenten der nahe gelegenen Universität lernen dort, oder sie gähnen. Hier kann man genauso friedlich lesen wie im Jardin du Luxembourg.

An einem feuchten Sonntagnachmittag waren die kleinen Straßen den Kindern überlassen: noch mehr als sonst hätte man sie für Gartenwege einer Privatvilla halten können. Kein Passant, nur die Schreie der kleinen Jungen, die den Ball mit dem Stock oder mit der Faust gegen die Mauer schlugen, unterbrachen das Schweigen. Die Älteren rauchten und diskutierten angelehnt an die Mauern. Man kam sich indiskret vor, wenn man ihr Königreich mit Erwachsenenschritten durchmaß. Gestern entwickelte sich bei einbrechender Nacht im italienischen Viertel ein riesiger Handel: ein Überschwang von Mortadella und rohem Schinken in den erleuchteten Läden, die Hausfrauen, die Einkaufsnetze am Arm, diskutierten, und die Männer lachten in den kleinen Bars. Von einer Straße zur andern nimmt Greenwich mit der Länge des Tags ein anderes Gesicht und andere Farben an – es ist reich an Überraschungen. Als ich zu dem Professor J. B. ging, konnte ich nicht darauf gefaßt sein, hinter seinem Salon einen Garten voller Unkraut, Statuen und alter Steine zu entdecken, wie man ihn etwa hinter den alten Patrizierhäusern der Rue de Lille oder der Rue de Beaune sehen kann. Hier sind viele reizende Restaurants, so italienisch wie in Italien, so spanisch wie in Spanien, auch englische, französische und deutsche. Und in der Bedfort Street befindet sich das einzige Lokal von New York, wo man den ganzen Tag über lesen und arbeiten und sich die ganze Nacht hindurch unterhalten kann, ohne daß jemand das besonders merkwürdig oder tadelnswert fände: das ist *Chamby's*. Die Wände sind mit alten Buchumschlägen dekoriert, Musik gibt es nicht, so daß man sich richtig unterhalten kann. Der Saal ist viereckig und mit seinen längs der Wände aufgestellten Tischen ganz einfach, aber er besitzt das, was in Amerika so selten ist – Atmosphäre. Hier treffen sich vor allem die Journalisten. Das Publikum ist ein bißchen «Montparnasse von einst», aber auf amerikanisch, das heißt sehr viel gepflegter. Die Frauen sehen etwas verwildert aus, aber ihre Dauerwellen sind erstklassig; die vernachlässigten Anzüge der Herren sind aus guten Stoffen. Der Luxus bleibt unauffällig. *Chamby's* hat nicht den Geruch nach Geld, der die Bars und Restaurants von *uptown* vergiftet; man trifft sich hier nicht, um einen gewissen Lebensstandard zur Schau zu tragen, sondern einfach, weil man sich hier wohl fühlt. Diese Freiheit des reinen Vergnügens trifft man bei den Amerikanern selten an: immer hat man den Eindruck, daß tausend unsichtbare Bande sie lähmen, daß sie nichts Originelles erfinden wollen, daß sie ihre Kleidung, Nahrung und ihre Vergnügungen nach einem unveränderlichen Standard wählen, den in Frage zu stellen niemandem einfiele. Aus diesem Grund tut es wohl, hier eine Atmosphäre von Muße, Heiterkeit und Entspannung zu atmen. Bis fünf Uhr morgens kann man *hamburgers* oder gerösteten Hummer essen, Whisky trinken und Gesichter anschauen; manchmal sieht man sogar Bekannte, und es fällt nicht auf, wenn man sich unterhält.

Dagegen mißfallen mir die Nachtlokale mehr als je. Sogar bei Josh White wird mir, als ich ihn wieder im *Café Society* höre, klar, daß er seiner Kühnheit taktvoll einen Dämpfer aufsetzt: er ist sorgsam darauf bedacht, sich auf einem Terrain zu bewegen, auf dem ihm ein liberales Publikum gerade noch folgen kann – und was sollte er auch sonst tun? Er hat eine Frau und drei Kinder, er *muß* gefallen: würde er den Leuten sein wahres Herz unverhüllt zeigen, er könnte sogleich Stiefelputzer an der nächsten Straßenecke werden. Dieses Gefallenmüssen verursacht mir ein Unbehagen. Ich weiß zu genau, mit welcher Verachtung und welchem Haß es sogar von den Weißen, die ihm unterworfen sind, empfunden wird, ob sie nun Musiker, Sänger oder Kellner sind: für alle, die beruflich lächeln müssen, ist der Kunde ein Feind. Aber in den Herzen der Menschen, die wissen, daß die Kunden sie auch noch verabscheuen – die Kunden, von denen sie wegen ihrer Hautfarbe seit ihrer Geburt und in allen Abschnitten ihres Lebens unterdrückt worden sind –, muß es wüst aussehen. Gestern abend war ich mit Franzosen und einem amerikanischen Zeichner im *Vanguard*, dem Nachtlokal von *downtown*, das zur Zeit *en vogue* ist. Dort spielte ein schwarzes Orchester, das man auf Grund seiner Virtuosität als ausgezeichnet beurteilen konnte. Aber wie verschieden war dieses Trio von dem im *Absinthe House!* Sie mimten den *hot*-Stil in ebenso dick aufgetragener Weise wie die Ringkämpfer von Houston Wut und Wildheit spielten. Die Lüge war ebenso offensichtlich. Dem hingerissenen weißen Publikum traten die Augen aus den Höhlen: es wollte teilhaben an den Mysterien der schwarzen Seele, sich in dem Wirbel ihrer urwüchsigen Gewalt einfangen und von ihrer bebenden Poesie durchdringen lassen – nun, es wurde nicht schlecht bedient. Der Pianist sprang mit geschlossenen Füßen auf einen Sessel, der Gitarre- und der Baßgeigenspieler tanzten auf der Stelle nach einem teuflischen Rhythmus, alle bleckten die Zähne und rollten in der Verzückung Besessener mit den Augen. Und alle weißen Gesichter grienten in stumpfsinniger Bewunderung. Bei den «aufgeklärten» Weißen herrscht in New York gegenüber der schwarzen Musik und Literatur ein gewisser Snobismus. Richard Wright erzählt gern die folgende Anekdote: Ein junger Mann bringt einem Verleger ein Manuskript. «Ein Manuskript», sagt der Verleger, «hat es ein Neger verfaßt?» – «Nein», sagt der junge Mann, «es ist von mir.» – «Und Sie haben kein schwarzes Blut?» – «Nein.» – «Sind Sie sicher? Nicht einen Tropfen?» – «Nein, ich bedaure», sagt der Autor. «Aber ich vermute, es ist ein Roman über die Negerfrage?» sagt der Verleger. «Nein.» – «Aber einer der Helden ist ein Schwarzer?» Dem jungen Mann schwanken die Knie: «Nein, es kommt kein einziger Schwarzer in dem Buch vor.» – «Aber was soll ich dann damit anfangen!» schreit wuterfüllt der Verleger. Diese Anekdote hat noch einen zweiten Sinn: sie beweist auch, wie verachtet die Literatur ist; Musiker und Schriftsteller sind nichts als Amüsierer, und in dieser Eigenschaft rufen die Neger ein solches Entzücken hervor. Das entfesselte Trio im *Vanguard* weiß das genau: ich bin sicher, daß sie, wenn sie unter sich sind, anders spielen, und daß die Freude, glänzend vorwärts zu kommen, untermischt ist mit dem Vergnügen, das Publikum zu düpieren. Im Norden vergessen die Weißen leicht die Tragödien der rassischen Diskriminierung, weit öffnen sich die Seelen, feucht und weich bieten sie sich dem Fenster der Augen und baden voller Unschuld in gekünstelter Musik und im Haß.

Ein netter Kerl ist der Zeichner B. Tagsüber schläft er, nachts bummelt er allein durch die Lokale von Greenwich, und wenn er heimkommt, macht er sich an die Arbeit. Er hat Talent und verdient gut. Er ist überzeugt, daß Amerika das Land ist, in dem die Künstler am glücklichsten leben – gibt es ein Land, das besser zahlt? Diese Unterhaltung ist das exakte Gegenstück und die vollkommene Bestätigung dessen, was mir bei meiner Ankunft mein Freund, der Maler C. L., sagte: «In Paris», sagt B., «gefielen meine

Zeichnungen, aber die Preise, die man mir anbot, waren lächerlich im Vergleich zu denen, die ich hier bekomme.» Ich wende ein, daß Amerika tatsächlich gegenüber den arrivierten Künstlern weitherzig ist, daß es aber den anderen keine Chance läßt. B. antwortete: «Aber wenn es große Künstler sind, werden sie Erfolg haben und gut verdienen.» – «Nehmen wir aber einmal an, sie haben keinen Erfolg.» – «Nun, dann sind es eben keine großen Künstler.» In dieser Argumentation steckt ein Stück Hegel: wirklich ist, was den Beweis seiner Wirklichkeit erbracht hat – eine jener amerikanischen Vorstellungen, die ich nicht von der Hand weisen kann. Das Genie verschmilzt mit dem Ausdruck, den es sich gibt; aber wird es durch das Kunstwerk oder durch das verdiente Geld zum Ausdruck gebracht? Das ist der Punkt, wo wir nicht mehr einig sind. Immer wieder stößt man auf dieses Paradoxon, daß der Amerikaner, verliebt in die konkrete Wirklichkeit, diese nur in einer einzigen äußeren Manifestation anerkennt, nämlich im Geld. Alle anderen Werte sind zu schwer einzuschätzen. Daß ein Mensch Talent hat, solange es noch am äußeren Erfolg fehlt: das zu beurteilen ist beängstigend verantwortungsvoll, und niemand übernimmt das Risiko; jeder wälzt es auf alle anderen ab. Diese Einstellung ist deshalb gefährlich, weil sie kein Vertrauen in die Zukunft setzt; uninteressiert an der Vergangenheit, räumt der Amerikaner der Zukunft keinen Kredit ein. Wenn du Talent hast, so besagt das wenig – wenn du Talent haben wirst, so besagt das absolut nichts. Heute mußt du es haben. An dem Tag, wo du sagen kannst: ich habe Talent, wird man sich für dich interessieren. Wie du die Zeit zwischen Indifferenz und Erfolg überbrückst, ist deine Angelegenheit. Wenn du Geld hast, kauf dir einen Reklamefachmann; wenn du keins hast, dann sieh zu, wie du fertig wirst. Diese Einstellung ist in allen Fällen, wo das langsame Heranreifen eines Werks Zeit erfordert, besonders verhängnisvoll. Gewiß, Modigliani hat in Paris aus Not Selbstmord begangen, ich kann mir aber vorstellen, daß er in New York nicht einmal existiert hätte.

30. April

Ich fühle mich bereits zu sehr als New Yorkerin, um meine großen Vormittagsausflüge wieder aufzunehmen; jetzt gehe ich nicht mehr mit Riesenschritten auf Entdeckungen aus, sondern strolche in New York herum, als ob es mir gehörte. Ich finde nicht mehr alles amüsant, ich treffe meine Auswahl. Wenn ich eine Einladung ausschlage, fühle ich mich so fest verankert in diesem Leben. Häufig komme ich nur mit drei oder vier Freunden zusammen. Wir sprechen immer Englisch, ich lese nur amerikanische Bücher, ich denke nur noch in Englisch – nachts wird das zu einem Alpdruck, und es kommt vor, daß ich mich selbst nicht mehr verstehe. Am Tag habe ich bisweilen den peinlichen Eindruck, daß das Niveau meiner Intelligenz fühlbar abgesunken ist: meine Gedanken kreisen nur um sehr einfache Dinge, der geringsten Schwierigkeit gehe ich aus dem Weg. Ich frage mich, ob die Emigranten, die sich hier niederlassen, unter der gleichen Unzulänglichkeit leiden; man muß eine Sprache sehr gut beherrschen, um völlig frei denken zu können. Vielleicht hilft ihnen ihre Ungeschicklichkeit in der Handhabung der amerikanischen Sprache, ihre Individualität aufzugeben und sich dem Rahmen anzupassen, der ihnen vorbestimmt ist. Im Gegensatz zu dem, was die meisten Leute sagen, erscheint es mir leichter, zu sprechen als zu verstehen. Wenn ich spreche, wähle ich die Worte selbst und wende nur die an, die ich kenne; was meine Gesprächspartner sagen, kann ich nicht voraussehen. Es fällt mir auf, daß die Franzosen meine schlechte Aussprache viel stärker empfinden als die Amerikaner; das liegt daran, daß jeder Wert darauf legt, seinen eigenen Fortschritt in der Sprachangleichung zu ermessen. Die Amerikaner dagegen, scheint mir, betrachten diese verschiedenen Grade der Unvollkommenheit mit der gleichen Indifferenz: wenn man sich verständlich machen kann, ist es ihnen gleich, ob einer schlecht oder leidlich gut spricht.

Heute gehe ich mit N. A. spazieren, der in Geschäften nach New York gekommen ist. Er ist hier durchgekommen, als er als Soldat nach Frankreich ging, und auch, als er wieder heimkehrte, aber er kennt die Stadt nicht. Die Intellektuellen und die unteren Klassen reisen sehr wenig, ein Chicagoer verbringt sein Leben in Chicago, viele Leute, die in Brooklyn wohnen, haben noch nie Manhattan gesehen. Es macht mir Spaß, zu sehen, wie N. A. New York mit den Augen eines Chicagoers entdeckt. Er ist frappiert von der farbigen Wäsche, die auf den Nottreppen trocknet, von der phantasievollen Auslage eines Buchladens, von dem unerwarteten Rot der Fassaden in trübseligen Straßen, von einem kleinen Platz, von der Patina eines hundertjährigen Hauses: die Stadt erscheint ihm reich an Vergangenheit und beinahe verwirrend pittoresk. Die Bowery ähnelt West Madison Avenue, aber nur hier streift das Burleske die Misere. Er bleibt vor dem Schneider für dicke Leute stehen, vor dem Tätowierungsladen und vor der Reparaturanstalt für blaugeschlagene Augen: diese Dreigroschenoper-Seite hat Chicago nicht aufzuweisen.

Wir machen einen Gang durch jenes Viertel, das Morand «das Getto» und das der New Yorker East Side nennt. In diesen wimmelnden Gäßchen fühle ich mich nach Mitteleuropa versetzt. Die grauen drei- oder vierstöckigen Häuser mit ihren Vordächern, ihren dunklen Schildern erinnern mich an gewisse Straßen des einstigen Berlin. Ein riesiger Jahrmarkt längs der Gehsteige. Viele Läden liegen unter dem Straßenniveau, man muß eine Treppe hinuntergehen; andere wieder liegen etwas höher, hier muß man drei oder vier Stufen hinaufgehen. Alle Geschäfte haben Verkaufsstände auf der Straße: Wäsche, Strümpfe, Sokken, Schlipse, Stiefel, Tücher, Baumwollwaren – meilenweit von Nord nach Süd, von Ost nach West. Verkäufer und Käufer handeln hartnäckig. Viele dieser Waren sind Okkasionen, aber, wie es scheint, von guter Qualität. Von Zeit zu Zeit eine schimmernde Auslage: große Abendkleider aus Satin, Taft, übersät mit Pailletten und in lebhaften Farben – reiche Kleider für arme Frauen. Ich glaube, die Sängerinnen und Animierdamen zweitklassiger Nachtlokale statten sich hier aus. Mehr wirkliche Freudigkeit findet man in den bescheideneren Auslagen: handgemalte Pferde und nackte Frauen auf den Krawatten, und wissen möchte ich gern, wer diese geblümten Unterhosen, diese malvenfarbig gestreiften Slips kauft. Hinter einer Scheibe, inmitten pelzbehangener Damen, stehen zwei völlig nackte Ankleidepuppen; das Wachsgesicht lächelt, unter den vorspringenden Brüsten ist der Körper glatt wie ein Kopf von

Chirico. Am Ausgang dieser lachenden Straßen sind die breiten Avenuen verlassen. Die Häuser am Rand des Fahrdamms sind zu niedrig, sie sehen armselig aus. Die Luft ist feucht, der Boden ist schlammig, man wird an jene traurigen Straßen erinnert, die aus den großen Städten herausführen. Wir kehren in die kleinen Straßen zurück. Da sind Konditoreien, wo jüdische Kuchen verkauft werden, koschere Schlächtereien und Bars, in denen alleinstehende Männer trinken. Wir nähern uns der Bowery. Wir kommen in eine Straße, deren phantastische Aufmachung ein Jungferntraum oder ein Alpdruck für alte Junggesellen zu sein scheint: Brautkleider in allen Geschäften. Links und rechts, länger als eine Meile lächeln junge Mädchen unter einem mit Orangenblüten geschmückten Tüllschleier. Eine Dame in Schwarz arrangiert mit liebevollen Fingern die Schleppe einer Braut: man könnte glauben, eine Mutter legt am Hochzeitsmorgen die letzte Hand an das Kleid ihrer Tochter. Diese bräutliche Straße, die jedem Aschenputtel der Stadt den Kuß des Märchenprinzen und eine süße Verzauberung verspricht, führt auf die Bowery: Männer ohne Frauen stehen im Regen, angelehnt an die grauen Mauern, oder sie kauern auf den Stufen der kleinen Treppen; wenn sie in Fetzen, verhungert, einsam, den Fahrdamm überqueren, dann lächeln ihnen die weißen Bräute in ihren Satinkleidern zu, aber sie achten nicht darauf, sie gehen weiter, durch diesen Hochzeitsreigen hindurch, den man in einer anderen Welt tanzt.

In Chicago gibt es kein Judenviertel, sagt N.A. Auch jüdische Theater, in denen jiddische Stücke gespielt werden, gibt es dort nicht. Und wenn ein großes Gebäude die Kühnheit besäße, jiddische Inschriften an seiner Fassade anzubringen, würde man ihm schleunigst die Fenster einschmeißen. Man duldet die Juden nur unter der Bedingung, daß sie sich nicht allzu bemerkbar machen. Ganz anders ist es in New York, und die Verfechter des «wirklichen» Amerika sagen, es sei eine verjudete Stadt. Tatsache ist, daß es hier viele sehr einflußreiche Juden gibt, daß ein großer Teil der Finanz und des Handels in ihren Händen ist. Damit soll nicht gesagt sein, daß der Antisemitismus nicht sehr verbreitet sei, im Gegenteil. Die Gewalt der Assimilation und der Wille, sich zu assimilieren, sind in den Staaten so groß, daß sehr oft eine jüdische Blutmischung genauso unbemerkt durchgeht wie eine deutsche, schwedische, indianische oder irische: aus dem Schmelztiegel gehen letzten Endes Amerikaner hervor. Die meisten Freunde, die ich mir in Amerika gemacht habe, hatten – ist es ein Zufall? – jüdisches Blut. Ich hatte den Eindruck, daß sie völlig assimiliert sind. Aber ich habe mehrere Beispiele von dem offenen oder versteckten Antisemitismus erlebt, der sich tagtäglich stärker in Amerika fühlbar macht. Dr. T., der hier vor sieben Jahren als Flüchtling ankam und an einer großen Universität unterrichtet, sagte mir, daß der Antisemitismus besonders in Yale, Harvard, Princeton und anderen Universitäten grassiert, und zwar nicht nur unter den Studenten, sondern auch unter den Professoren. Er selbst hat kaum einen Kontakt zu seinen hundertprozentig amerikanischen Kollegen finden können. Bei den Mahlzeiten ist es zum Beispiel von vornherein zu einer Absonderung gekommen; er sitzt bei Tisch mit anderen Flüchtlingen zusammen, Ausländer und Juden wie er selbst. Ein Student, so erzählte er mir, hatte ihn um ein Empfehlungsschreiben gebeten, um eine Anstellung als Aufsichtsperson in einem College zu erhalten; vergeblich schrieb er sechzehn Briefe, die er mit seinem Namen und seinem Titel als Professor der Universität X. zeichnete. Seine Sekretärin riet ihm: geben Sie doch nur Ihre französischen Titel an, so wird kein Mensch wissen, daß Sie ein jüdischer Flüchtling sind. Er tat es, und sein Empfehlungsschreiben hatte auf der Stelle Erfolg.

L. W. hat mir eine Geschichte erzählt, deren Widersinn bemerkenswert ist. Eines Tages hatte er Freunde zu sich geladen, unter denen sich mehrere Juden befanden; eingeladen war auch L., ein junger Schriftsteller aus den Südstaaten, der aber eine ungemein liberale Einstellung besaß. Nach ein paar Gläsern Whisky und unter irgendeinem Vorwand fing L. an, die ganze Gesellschaft zu beleidigen und hätte am liebsten eine Schlägerei begonnen: ich bin blond und habe blaue Augen, rief er, wir haben nicht dasselbe Blut. Seine antisemitischen Ausfälle waren so heftig, daß man ihn schließlich vor die Tür setzen mußte. Natürlich entschuldigte er sich am nächsten Tag, aber sein Ausbruch hatte alle seine Freunde außer Fassung gebracht. Sie meinten, daß L., in Georgia aufgewachsen, einen schweren Kampf gegen sich selbst hatte führen müssen, um sein südstaatliches Vorurteil gegen die Neger niederzuringen. In seinem Buch beschreibt er immer sorgfältig die Haarfarbe und den Teint seiner Helden – von seinem blonden Komplex kommt er nicht los. So ist offenbar auch sein Antisemitismus eine Art verschobener Komplex. Eine interessante und reichlich verworrene Frage ist die der Beziehungen zwischen Juden und Negern, so wie sie der Amerikaner sieht und so wie diese beiden Gruppen sich

▶ Blick auf den Finanzdistrikt, 1940

tatsächlich zueinander verhalten. Der mittlere Jude reagiert den Schwarzen gegenüber wie jeder andere Weiße: in einigen Gegenden von Massachusetts und Connecticut (Herz des «wirklichen» Amerika) gibt es Strandbäder, die für Juden reserviert sind, die nicht zusammen mit den Ariern baden dürfen; die Juden wiederum schicken ihre schwarzen Diener in ein anderes Bad. Angesichts der tiefen Kluft, die die rassische Diskriminierung geschaffen hat, würden die Juden eine Gleichstellung mit den Schwarzen als eine Beleidigung empfinden, die weit schlimmer wäre als alles, was man sich sonst gegen sie herausnimmt. Die Schwarzen ihrerseits neigen zum Antisemitismus, weil viele Weiße, mit denen sie zu tun haben – Hausbesitzer, Kaufleute –, Juden sind. Die Tatsache jedoch, daß beide Gruppen Minderheiten angehören, deren Status zwar grundverschieden ist, die aber beide von dem mittleren Amerikaner verachtet werden, hat zwischen Juden und Negern zu einer gewissen Solidarität geführt. Selbst die Juden, die eine Vermischung mit den Negern von sich weisen, solange in den Augen der anderen Weißen die Diskriminierung besteht, wünschen, daß diese abgeschafft wird: sie spielen eine große Rolle in allen Ligen und Bewegungen gegen den Rassenhaß. Vor der ihnen feindlich gesinnten amerikanischen Zivilisation fliehen sie zu den Negern. Unter den Weißen, die sich mit der schwarzen Musik vertraut gemacht haben, sind viele Juden. Es ist kein Zufall, daß Mezzrow, der in Harlem lebte, eine Negerin heiratete und nur noch mit Schwarzen verkehren wollte, Jude war.

Heute abend gehe ich mit meinen spanischen Freunden in ein kleines Varieté in der 2. Avenue, in der Höhe der 50. Straße. Niemand hat mir davon erzählt, aber seine

Fassade hat mich entzückt: man könnte glauben, es sei ein Kino aus der Zeit des stummen Films oder ein Jahrmarktszirkus. Das Entree ist mit bunten Anschlägen ausgeschmückt, auf denen die Stars vergangener Zeiten lächeln: Clara Bow, Mary Pickford, George O'Brien, Lon Chaney. Eine große Reklame verspricht stumme Filme. Am Ende des Korridors ein kühler dunkler Saal mit Gartentisch; die Ausstattung erinnert entfernt an Weinlauben und Hagebuchenhecken. Eine Bühne ist da, und seitlich von ihr eine Leinwand. Man kann zu Abend essen, aber es gibt nur ein Gericht: *chicken in basket*, auch *chicken in the rough* genannt, ein Traditionsgericht der Südstaaten: das gebratene und tranchierte Hähnchen auf einer Unterlage von *pommes frites* wird in einem Körbchen serviert, und es gehört zum Ritus, daß keinerlei Besteck – weder Teller noch Messer, noch Gabel – benutzt werden darf; man ißt mit den Fingern. Allmählich kommen ein paar Gäste. Alles trinkt Bier. Eine Sängerin singt, eine Tänzerin tanzt, mit Geschick verpatzt ein Zauberer sämtliche Kunststücke, die er dem Publikum verspricht, aber die unfolgsamen Gegenstände machen hierbei unerwartete Metamorphosen durch. Es wird dunkel: ein Sketch von Laurel und Hardy aus jener weit zurückliegenden Zeit, in der sie noch stumm und spaßig waren. Ein anderer Sketch singt das Heldenlied der ersten Eisenbahn, die Far West durchquerte, die *gags* sind naiv, aber mit Rührung sehe ich auf der Leinwand die Lokomotive von Carson City wieder, den holzbeladenen Tender, das steinige Land, die Schluchten und Abgründe. Der netteste Augenblick aber ist, wenn – wie im *Happy 1900* in San Francisco – auf der Leinwand die Refrains alter Lieder erscheinen, die alles im Chor mitsingt. Diese Romanzen sind entzückend. Sie finden hier in diesem kleinen Varieté, das ebenso überaltert ist wie das Moulin de la Galette, eine glücklichere Atmosphäre als in dem gekünstelten Dekor der Internationalen Konzession.

1. Mai

Bewegter Vormittag in der Gegend des Union Square: Gruppen ziehen vorbei, Polizisten stehen herum. Eine große Menschenmenge ist auf dem Platz versammelt, diskutiert, wartet. Es sieht so aus, als ob sich etwas ereignen würde, ein Eindruck, den ich nie zuvor in New York hatte, wo gewöhnlich ein für die Ewigkeit eingestelltes Räderwerk reibungslos zu funktionieren scheint. Ich folgte der Einladung zu einer *party* und habe den Aufmarsch nicht sehen können. Er hat, wie man mir sagte, lange gedauert und verlief ohne Zwischenfall. Man hat mir ebenfalls gesagt, daß Polizisten mit Fotoapparaten die Gesichter der Manifestanten beim Vorbeimarsch fotografierten.

Die *party*, zu der ich gehe, findet in einem Atelier in Greenwich bei einem Anamiten statt, der mit Richard Wright befreundet ist und bei der UN arbeitet. Er schreibt Artikel über Gastronomie und über den Lauf der Welt – der letzte hieß: *Mayonnaise und Atombombe*. Er selbst hat ungewöhnlich gute Sandwiches vorbereitet. Eines der Fenster gewährt Ausblick auf die Dächer, und durch ein Gewirr von Nottreppen und Leitern erklimmen wir die obere Terrasse. Hier oben, sagt unser Gastgeber, sitze er oft, um zu malen. Wirklich hat man einen hübschen Ausblick von hier oben, ein *quartier*-Panorama auf niedrige Häuser mit ihren Dächern, auf ruhige Gäßchen. Dieser Winkel ist einer der ältesten der Stadt und beinahe so würdevoll wie ein Provinznest.

Viele Franzosen umstehen das reichhaltige Büfett. Immer wenn ich sie gruppenweise zusammen sehe, empfinde ich einen leichten Stich und sehe dann die Amerikaner in einem neuen Licht. Auf eine merkwürdige Art empfinde ich dann das Phänomen, das Blanchot in *Le Paradoxe d'Aytré* beschreibt: in den ersten Tagen frappierte mich alles in Amerika, ich sah den Reichtum der *drugstores* und die Liebenswürdigkeit der Amerikaner. Das ist mir jetzt vertraut, und ich sehe nur noch das, was mich erstaunt oder schockiert. Nun brauche ich einen Kontrast, um noch einmal das zu empfinden, was mir anfänglich hier so gut gefiel und was mir fraglos in Frankreich bitter fehlen wird. Heute kann ich mir darüber klar werden, denn dieser Kontrast wurde mir geboten. Man muß zugeben, daß, von einigen wenigen Ausnahmen abgesehen, die Franzosen Amerikas alle Mängel ihrer Heimat repräsentieren und deren Qualitäten nur schüchtern andeuten. Wenn ich sie betrachte, springt mir eine der Tugenden der Amerikaner ins Auge: sie sind niemals vulgär, sie haben einen ausgeprägten Sinn für menschliche Würde, der ihnen die Suche nach einer distinguierten Haltung entbehrlich macht; und da sie sie nicht zu suchen brauchen, können sie sie auch nicht verfehlen: dieses vergebliche Bemühen ist aber typisch französisch. Kein Amerikaner hat diese kultivierte Stimme, die den vornehmen Franzosen so am Herzen liegt, diese gebildete, glatte Stimme, der man die gute Rechtschreibung und die Reifeprüfung anhört: in jeder Schicht der Gesellschaft sind die amerikanischen Stimmen schlicht und lebendig. Wenn ein Amerikaner nichts zu sagen hat, hält er den Mund und trinkt; dieses Schweigen kann deprimierend sein, aber es ist mir lieber als diese eleganten Phrasen, diese Wortarabesken, die unaufhörlich aufsteigen und im Leeren verpuffen wie die Trugbilder der Spiritisten. Und ich ziehe auch die Holzgesichter den Intelligenzzuckungen vor, die sich auf den französischen Gesichtern breitmachen. Am meisten aber schockiert mich die Wahrnehmung, daß die Franzosen außerstande sind, am Leben eines anderen Landes teilzunehmen. Viele weigern sich sogar, die Sprache zu erlernen, so zum Beispiel der Kellner im *La Fayette*, der mir kürzlich, als ich etwas auf englisch bestellte, stolz erwiderte: «Ich, Madame, spreche nicht Englisch.» Sie versuchen nicht, sich den Amerikanern anzupassen, sie betrachten sie von der Höhe ihrer tausendjährigen Zivilisation mit einem Komplex der Überlegenheit. Oder sie kriechen vor ihnen auf dem Bauch, wobei sie, gewissermaßen zum Ausgleich, in ihrem tiefsten Innern die glückliche Gewißheit einer feineren und überlegenen Kultur bewahren. Immer bleiben sie, ob sie nun bewundern oder spötteln, draußen stehen. Sie begreifen nicht, daß es ihre eigene Geschichte ist, die sich hier vollzieht, eine Geschichte, die sich auch in China, in Rußland und überall auf der Welt vollzieht, und daß sie hier die Chance haben, einen ihrer packendsten Aspekte einzufangen – hier müßten sie sie erleben, da sie nun einmal hier sind. Sie erleben diese Geschichte aber auch nicht in Frankreich, wo sie ja nicht sind; was jedem Kontakt mit ihnen so hindernd im Weg steht, das ist: sie leben nirgendwo auf der Erde.

Ich bin erst wieder ganz glücklich, als ich mit meinen

amerikanischen Freunden zusammentreffe, die hier ohne Zuflucht und Unterstützung leben und kämpfen, hoffen und verzweifeln. Und einmal mehr stelle ich fest, daß sie, wenn sie etwas zu sagen haben, es eben so fiebernd leidenschaftlich sagen wie in irgendeinem anderen Land. Ich esse mit den Wrights, mit Farrell, den Ehepaaren E. A. und L. W. in einem italienischen Restaurant, und während der ganzen Mahlzeit ist die politische Diskussion so lebhaft, daß ich Mühe habe zu folgen. Wir haben eine junge, sehr nette Journalistin gebeten, mitzuhalten; sie ließ sich ein wenig bitten. Wir waren ohne sie gleichviel Männer und Frauen, als *extra woman* fühlte sie sich geniert und überflüssig. Schon das fand ich erstaunlich. Aber welche Überraschung erst, als ich mitten im Essen ihren Stuhl leer sah! Es hatte sich ihr niemand besonders gewidmet, und so hat sie sich einfach davongemacht. Die Geschichte erinnert mich an den Zwischenfall, den ich bei L. W. miterlebt habe. Und wiederum bestätigt man mir, daß ein solches Verhalten bei den Damen hierzulande nichts Außergewöhnliches ist.

Wohlverstanden: *die* amerikanische Frau ist ein Mythos. Es gibt in Amerika ungefähr 80 Millionen Individuen weiblichen Geschlechts. Selbst wenn ich mich auf meine bescheidene Erfahrung beschränke, so habe ich doch Frauen aller Schattierungen erlebt: manche waren einfach brave Hausfrauen, ausgefüllt von der Sorge um ihren Mann und ihre Kinder, andere wieder waren pflichteifrige Lehrerinnen; der Gatte von B. war kränklich, und sie selbst bestritt durch ihre tapfere Arbeit den Lebensunterhalt für beide. Viele hatten Temperament und einen typisch fraulichen Charme, um den sie manche Europäerin hätte beneiden können. Und gibt es einen Vergleich zwischen der jungen, unschönen, weitherzigen Schriftstellerin, die nach einer armseligen, bitteren Jugend dem Alkohol verfallen war, und der schönen, kalten Romanschriftstellerin, die im Verlauf einer kurzen Karriere schon drei Gatten und mehrere Liebhaber verbraucht hat? Da aber alle Leute in Amerika, und in erster Linie die Männer, davon sprechen, muß schon ein Körnchen Wahrheit an diesem Mythos sein; und ich selbst fühle, daß ich mich oft auf ihn beziehe.

In *Generation of Vipers* hat Philip Wylie mit Aschenputtel das junge Mädchen beschrieben, das von dem Märchenprinzen den Nerzmantel erwartet, der für die weibliche Würde ebenso unentbehrlich ist wie seinerzeit der Stehkragen in Frankreich für die Würde des Bourgeois; und mit Mom die reife Frau, die Amerika dem Regnum des Matriarchats unterwirft. Die amerikanische Frau, die über das Scheckbuch ihres Gatten verfügt, die Kinder beherrscht und von allen Männern den unterwürfigsten Respekt fordert, wird oft mit der «Nonne» verglichen, jener Käferart, bei der das Weibchen das Männchen auffrißt. Im großen Ganzen stimmt der Vergleich; nur muß man ihn richtig verstehen. Ich selbst hatte mir im Vertrauen auf alle diese Berichte eingebildet, daß die Frauen hierzulande mich durch ihre Unabhängigkeit in Erstaunen setzen würden. Amerikanerin und freie Frau waren für mich gleichlautende Begriffe. Zunächst einmal haben mich, wie ich bereits sagte, die Kleider durch ihren ausgesprochen weiblichen, um nicht zu sagen sinnlichen Charakter überrascht. Mehr noch als in Frankreich habe ich in hiesigen Frauenzeitschriften lange Artikel über die Kunst des Männerangelns gelesen, und darüber, wie man den Mann in die Falle lockt. Ich sah, daß die *college girls* kaum eine andere Sorge hatten als die, einen Mann zu kriegen, und daß der Ledigenstand hier noch schiefer angesehen wird als in Europa. Eines Abends war ich bei V. D. eingeladen, einer jungen Frau von 30 Jahren, die unschwer und sehr auskömmlich ihren Unterhalt verdient. Sie ist hübsch und intelligent, sie hat Freunde und zahlreiche Beziehungen, sie bewohnt ein komfortables Apartment in einem schönen Wohnviertel. Eine hübsche junge, elegante Frau, die ebenfalls eine interessante Laufbahn hatte, war auch mit eingeladen. Keine von beiden war verheiratet. Zum erstenmal in meinem Leben erschien mir eine Mahlzeit unter Frauen als ein Essen ohne Mann. Trotz der Cocktails, trotz der guten Gerichte machte sich eine fühlbare Abwesenheit bitter bemerkbar, das Apartment roch nach Zölibat. V. D., die nachdrücklich versicherte, sie sei glücklich, nicht verheiratet zu sein, beklagte sich doch über ihre Einsamkeit. Mit mehr Offenheit sagte ihre Freundin, daß sie sich von ganzem Herzen einen Mann wünsche. Beide waren, man fühlte es, besessen von der leeren Stelle an ihrem Ringfinger.

Daß die Amerikanerinnen in Wahrheit nicht mit den Männern auf gleichem Fuß leben, beweist ihre fordernde, herausfordernde Haltung. Sie verachten, oft mit Recht, die Unterwürfigkeit der Französinnen, die immer bereit sind, ihren Männern ein freundliches Gesicht zu zeigen und ihre schlechten Launen zu ertragen. Aber die Krampfhaftigkeit, mit der sie sich an ihr Piedestal anklammern, verhehlt eine ebenso große Schwäche. Über ein unterwürfiges oder forderndes Verhalten hinweg bleibt der Mann der Herr: er ist das Wesentliche, die Frau ist das Unwesentliche. Die «Nonne» ist die Antithese der unterworfenen Haremsfrau – beide sind vom Mann abhängig. Die Hegelsche Dialektik vom Herren und dem Sklaven findet auch hier ihre Bestätigung: die Frau, die sich zum Idol erheben möchte, ist in Wahrheit von ihren Bewunderern versklavt. Ihr ganzes Leben geht darin auf, den Mann in die Falle zu locken, ihn ihrem Gesetz zu unterjochen. Die Behauptung der Unabhängigkeit ist rein negativ, mithin abstrakt, und wieder kommt mir das Wort Abstraktion unter die Feder. Die wirkliche Freiheit ist diejenige, die sich im positiven Sinn verwirklicht. Ältere Frauen haben mir gesagt, daß nach ihrer Meinung die vorhergehende Generation mehr wahre Freiheit besaß als die heutige, da der Feminismus noch nicht gesiegt, sondern sich erst noch durchzusetzen hatte. Das war damals eine konkrete Aufgabe; in dem Bemühen um die Befreiung erfüllte sich die Freiheit. In gewissen Wirtschaftszweigen ist auch jetzt noch mancher Widerstand zu überwinden, im großen ganzen aber ist die Schlacht gewonnen. Anstatt aber zu versuchen, die von ihren Vorgängerinnen errungenen Resultate zu überflügeln, begnügen sich die Frauen damit, sie statisch zu halten – ein schwerer Fehler, denn ein einmal erreichtes Ziel ist immer nur als neuer Ausgangspunkt wertvoll. In Europa haben die Frauen besser begriffen, daß der Zeitpunkt, sich als Frauen zu behaupten, vorbei ist; sie versuchen, ihren Wert auf universeller Basis unter Beweis zu stellen, in der Politik, in Kunst und Wissenschaft oder ganz einfach in ihrem Leben. Diese positive Einstellung macht eine abstrakt-herausfordernde Haltung überflüssig. Da sie kein objektives Ziel hat, an das sie sich verlieren könnte, versteift sich die Amerikanerin auf eine Verteidigung ihrer Überlegenheit, eine Verteidigung, die nur schlecht einen Minderwertigkeitskomplex übertüncht. Offen gesagt, es ist nicht ihr

Fehler. Sie leidet unter einer Situation, die sie mit der Mehrheit ihrer Landsleute gemein hat: abgesehen von den großen Geschäftsleuten, den großen Politikern, den großen Ingenieuren und einigen wenigen Menschen leben die Amerikaner in einem geschlossenen Universum, ohne ein Ziel zu entdecken, dem sie sich hingeben könnten. Schon bei den jungen Studenten hatte ich diese Ziellosigkeit konstatiert; sie existiert genauso in den mittleren wie in den reichen Klassen, bei den Handarbeitern ebenso wie bei den Angestellten und den geistigen Arbeitern. Und insbesondere die Frauen sind ihre Opfer. Die Männer sind im allgemeinen stärker beschäftigt, sie haben weniger Zeit, sich darüber klar zu werden, daß sich ihr Leben im Kreis dreht, sie sitzen fester in einer Welt, die seit mehreren tausend Jahren von Männern gestaltet wurde; zufrieden mit dem Platz, den sie in der großen Nation einnehmen, auf die sie stolz sind, haben sie die unbestimmte Hoffnung, daß ihre Arbeit zum glücklichen Geschick des Landes beiträgt. Die Frau fühlt sich weit weniger wohl in dieser Männerwelt, zu der sie als gleichberechtigter Partner erst seit kurzem zugelassen wurde; sofern sie nicht von den dringenden Sorgen um ihre Lebenshaltung absorbiert wird, ist es ganz natürlich, daß sie sich in Forderungen und Weigerungen verbeißt. Das einzige Mittel, die Schwächen und Zweifel zu überwinden, die ihr aus einer belasteten Erbschaft zuwachsen, wäre, nicht mehr an sie zu denken: dazu aber wäre es erforderlich, daß sie außerhalb ihrer selbst ein Ziel fände, dem sie sich hingeben könnte. Die Ziele, die zu erreichen sie sich vornehmen, sind fast immer ungenügend. Viele Frauen schreiben: aber das ist ein Mittel, um Geld zu verdienen, oder ein Zeitvertreib, den Handarbeiten der

Dame von einst vergleichbar, und selten nur eine wahre Berufung. In den von ihnen erwählten Berufen suchen sie gewöhnlich mehr eine Bestätigung ihrer selbst als die Verrichtung einer positiven Arbeit. Und die meisten unter ihnen sind dieser Mittel beraubt. Diese Ohnmacht, sich in konkreter Weise zu realisieren, löst eine dumpfe Gereiztheit in ihnen aus, die sie in ihrer Verwirrung oft gegen den Mann kehren.

Daraus ergibt sich, daß die Beziehungen zwischen den beiden Geschlechtern einem wahren Kampf gleichkommen. Was mir sofort in Amerika auffiel: Männer und Frauen lieben sich nicht. Eine französische Schullehrerin sagte mir, ihre Kolleginnen seien viel netter und freundlicher untereinander, als das in Frankreich der Fall ist; keine Knauserei, keine Eifersucht, keine Boshaftigkeit; sogar den Frauen hierzulande liegt Perfidie und Niedertracht fern. Andererseits sagten mir Amerikanerinnen: wirkliche, intime und herzliche Freundschaften unter Frauen sind fast unbekannt. Freundschaft aber zwischen Männern und Frauen gibt es nicht. Junge Männer und junge Mädchen sind nicht einmal Kameraden: ihre Beziehungen werden sogleich zum Flirt. Mrs. C., Professorin, Frau eines Italieners, kennt, wie sie mir sagte, von ihrer eigenen Person abgesehen, keine Frau, die mit ihrem Mann befreundet wäre. Das hat seinen Grund teilweise darin, daß die Amerikaner armselige Unterhalter sind und daß immerhin ein Minimum von Konversation notwendig ist, um eine Freundschaft zu schaffen; ein anderer Grund ist ein gegenseitiges Mißtrauen, ein Mangel an Weitherzigkeit, ein Groll, der sehr oft auf sexuelle Ursachen zurückzuführen ist. Es ist bei den Männern Amerikas eine ständige Redensart, daß die hiesigen Frauen frigid seien, und bei manchen Männern ist dies beinahe eine fixe Idee. Aber die Männer sagen auch gern, die einen von den anderen, daß sie kümmerliche Liebhaber seien; insoweit haben sie Europäern und Negern gegenüber einen ausgesprochenen Minderwertigkeitskomplex. Die Tragödie des Mannes oder der Frau, die in Europa temperamentvollere Formen der Liebe kennengelernt haben und nun nicht mehr an der Seite ihrer kalten Hälfte leben können, ist eine immer wiederkehrende Geschichte. Auch sagt man, daß Männer und Frauen nur, wenn sie vom Alkohol umnebelt sind, sich sexuellen Abenteuern geneigt zeigen; so können sie sie in der Nacht ihres Bewußtseins begraben. «Eine teure Angelegenheit», sagte mir C. L. «Es gehört viel Whisky dazu, einer Frau einen anständigen Schwips beizubringen. Und wenn die Dosis zu stark ist, dann schläft sie ein.» Die Amerikaner haben einen Abscheu vor Prostituierten, ihre legitimen Frauen aber flößen ihnen einen Respekt ein, der sie lähmt. So bleiben sie im Ungewissen über ihre erotischen Fähigkeiten, ein Zweifel, der sie noch mehr hindert und lähmt. Die Frauen ihrerseits haben das Gefühl, zu kurz zu kommen, sie sind von den gleichen Zweifeln heimgesucht. Und alle diese Zweifel und Komplexe schaffen beiderseits Verstimmungen. Man wüßte gern, welcher der beiden Partner dieses Einschüchterungsspiel begonnen hat. Natürlich fällt hierbei ein Teil der Verantwortung auf die Frauen. Die äußerlich so leichtsinnigen *college girls* haben offensichtlich starke innere Hemmungen, und es ist möglich, daß viele niemals diese Schranken öffnen. Für beide Geschlechter hat man oft die Bedeutung des puritanischen Hintergrunds unterstrichen. Darüber hinaus aber kommt für die Frau noch ein sozialer

Komplex hinzu: ihr Wille, über den Mann zu herrschen, ihn zu bezwingen, muß ihr mit der animalischen Hingabe ihrer selbst unvereinbar erscheinen.

Ob sie nun wirklich frigid sind, oder ob nun die Männer mit diesem Wort nur symbolisch zusammenfassen, was sie den Frauen vorzuwerfen haben, Tatsache ist, daß sie weder Freundinnen noch Geliebte, noch Lebensgefährtinnen sind... Die Männer schließen sich in ihre Clubs ein, die Frauen flüchten in die ihrigen; und ihre Beziehungen setzen sich zusammen aus lächerlich kleinen Gereiztheiten, Disputen und Triumphen. Diese grundsätzliche Gegnerschaft trägt noch zu der großen Vereinsamung der Menschen hierzulande bei. Haben sie schon kein Ziel, das ihnen die Möglichkeit gäbe, die engen Grenzen ihres Lebens zu durchbrechen, so finden sie in diesem Leben nicht einmal ein anderes Wesen, dem sie es widmen könnten. Man sieht keine Verliebten in den Straßen, keine Pärchen, die sich umschlingen und küssen in den Alleen des Central Park. Und von der Liebe spricht man mit spezialisierten, beinahe hygienischen Worten: eine angenehme Frau ist *sexy*, man möchte mit ihr eine *sex affair*, einen *sexual intercourse* haben. Es gibt eine rationelle Bejahung der Sinnlichkeit, die einer heimlichen Verneinung gleichzusetzen ist.

Vorgestern sah ich *Rom, offene Stadt*. Ich kenne keine schönere Frauengestalt als die, welche die Magnani auf der Leinwand verkörpert: um so menschlicher, je animalischer sie ist, um so freier, je edelmütiger sie sich gibt; sie kämpft mit dem Mann, den sie liebt, sie lebt für ihn wie er für sie, und beide leben für ein Ziel, das außerhalb ihrer selbst liegt. Und während des ganzen Films dachte ich: wie weit entfernt ist diese Frau von allen, die man hier sieht! Nie hätte ein Amerikaner sie erfinden können. Sie ist die vollkommene Antithese zu den Heroinen von Hollywood und denen der Detektivromane, in denen die Amerikanerin ihr Ideal erblickt.

2. Mai

ICH SAH *Ausgestoßen,* einen englischen Film mit James Mason. Wiewohl dieser Film von *Rom, offene Stadt* ganz wesentlich verschieden ist, so habe ich doch das gleiche Vergnügen empfunden, nämlich: einen Film zu sehen, der nicht amerikanisch ist. Ich habe mich in drei Monaten sehr geändert, vielleicht bin ich ein wenig amerikanisch geworden. Zumindest in New York werden die Erfolge ausländischer Filme immer frappierender. Selbst *The Adventuress,* den ich reichlich kindisch fand, wurde als bester Film der Woche bezeichnet. Es kommt nicht von ungefähr, wenn Hollywood heute so streng kritisiert wird. Wenn ich aus einem amerikanischen Film komme und durch die Straßen New Yorks spaziere, dann bin ich verstimmt, daß man ihr unerwartet Malerisches, ihre Poesie, ihre Tragödie noch nie auf der Leinwand gezeigt hat. Ein Carné hätte uns die lächelnden Blonden im Nebel der Bowery gezeigt, ein Grémillon hätte das Licht der Abenddämmerung eingefangen, das auf die verrostete Fähre, auf die Schiffe von East River, auf die Fischkästen niedersinkt. Auf einer Straße von Chicago saßen nachts den ganzen Bürgersteig entlang Vagabunden, schweigend; und die Bars, in denen die Vergessenen Zuflucht suchen, sind erstaunlicher als die stereotypen *saloons* von Far West. «In fünfzig Jahren», sagen mir meine Freunde «werden alle diese Dinge das Recht erworben haben, im Film gezeigt zu werden.» Nur werden sie dann nicht mehr existieren. Man kann die Kinolandschaften an den Fingern herzählen: die Wüsten des Far West, den Strand von Florida, die Sequoia-Wälder, viel seltener einmal eine alte Pflanzung im Süden. Aber die Farmen und Dörfer von New England, die Wälder und Sümpfe von Louisiana, die Tabakfelder von Virginia und die verlassenen Indianerdörfer von New Mexico sah ich nie, ebensowenig die Vorstädte der großen Städte, das wirkliche Bild ihrer Straßen. Die gleichbleibenden Geschichten spielen sich in einer Welt ab, die tatsächlich nur zwei Dimensionen hat: aus Mangel an Atmosphäre bleibt alles flach. Dabei steht New York in nichts Dublin, London, Paris nach. Man könnte Chicago oder New Orleans so lebendig werden lassen, wie Rossellini Rom und wie Carné Le Havre hat lebendig werden lassen. Freilich müßten dann hier Menschen aus Fleisch und Blut leben, und ihre Geschichten müßten menschlich sein. Mit einem «wenn» könnte man das Empire State Building in einer Flasche unterbringen – und aus dem amerikanischen Film eine große Kunst machen.

3. Mai

Wie in allen grossen Städten, so nimmt man auch in New York viel Rauschgifte. Kokain, Opium und Heroin freilich finden nur einen speziellen Kundenkreis, dafür aber gibt es ein mildes Aufputschmittel, dessen Gebrauch, wiewohl verboten, gang und gäbe ist: Marijuana. Überall, vor allem aber in Harlem – ihre wirtschaftliche Lage führt viele Neger dazu, illegale Geschäfte zu betreiben –, wird Marijuana unter dem Deckmantel von Zigaretten verkauft. Vor allem die Jazzmusiker, die nächtelang auf das angestrengteste arbeiten müssen, nehmen es gern. Schädigende physiologische Folgen hat man nicht feststellen können; der Effekt ist ungefähr der gleiche wie der des Orthedrin oder des Benzedrin, und offenbar ist es weniger schädlich als Alkohol.

Mir lag weniger daran, Marijuana selbst zu rauchen, als vielmehr an einer Gesellschaft teilzunehmen, wo man es rauchte. Kaum hatte ich diesen Wunsch geäußert, so ging er auch schon in Erfüllung – die amerikanische Aufmerksamkeit ist in der Tat unerschöpflich. Z. hat sich mit Freunden verabredet, die *vipers,* das heißt Gewohnheitsraucher sind. Diese geben heute eine *party.* Als er mich am Abend abholt, sagt er mir, daß die *party* schon am Nachmittag begonnen habe: diese Sitzungen dauern lange, weil Marijuana die Zeitdauer kürzer erscheinen läßt. Z. hat schon eine Zigarette geraucht, aber nichts in seinem äußeren Verhalten ließe darauf schließen. Und er rät mir, es auch meinerseits bei nur einer bewenden zu lassen; das sei für den Anfang klüger, denn die Reaktion des Magens lasse sich nicht voraussehen.

Mit großem Erstaunen sehe ich, daß Z. mich in eines der größten Hotels von New York führt. In der *hall* sitzt die übliche respektable Kundschaft: alte Herren mit Goldbrillen, alte Damen mit Blumenhüten – das ganze gutbürgerlich moralische Amerika. Der *lift* bringt uns zur fünften Etage. Wir klopfen an. Eine vorsichtige Stimme fragt: «Wer ist da?» Wir nennen unsere Namen, die Tür öffnet sich und wird schnell wieder geschlossen. In dem gut ausgestatteten, überheizten Zimmer herrscht ein Duft nach Frisiersalon, nach Veilchen oder Nelken: ein Parfumgeruch. Eine eigenartige Versammlung: ein junger Mann im Pyjama, der sich wie ein junges Mädchen aufführt; ein junges Mädchen mit blonden, kurzgeschnittenen Haaren und knabenhaften Bewegungen; eine schöne, schwarzhaarige, dunkeläugige Frau und ein hellhäutiger Neger; dieser ist, wie mir Z. sagt, der interessanteste der ganzen Bande. Er ist der Herr des Hauses. Er ist Tänzer von Beruf und geht nie ohne Revolver aus; der Gedanke, daß ein Weißer ihn beleidigen könnte, ist ihm so unerträglich, daß er beschlossen hat, in einem solchen Fall erst den Beleidiger und dann sich selbst zu töten. Er lächelt freundlich und entspannt.

Alle haben schon geraucht und fühlen sich *high*. Man reicht mir eine erste Zigarette, der Geschmack ist bitter und wenig angenehm. Ich spüre gar nichts. Man sagt mir, ich hätte den Rauch nicht eingeatmet; man muß einatmen wie durch einen Strohhalm. Ich atme gewissenhaft ein, meine Kehle brennt wie Feuer. Alles sieht mich an: nun? Nichts! Der junge Mann im Pyjama hebt sorgfältig meine Asche auf: man darf keine Spuren hinterlassen. Die Blonde zerdrückt an einer Glühbirne ein parfumgetränktes Papier und parfümiert uns der Reihe nach: auch der Geruch des Marijuana muß maskiert werden. Der schwarze Tänzer gibt mir eine zweite Zigarette. «Einen Dollar das Stück», sagt er trocken. Meinetwegen. Ich weiß auch, daß man eine wahre Komödie mitspielen muß, um welche zu bekommen; auch wenn der Händler alle Taschen voll hat, tut er so, als müsse er sie am anderen Ende der Stadt holen, nur um einen höheren Preis herauszuholen. Ich gebe mir Mühe, tue mein Bestes – nichts. Die schöne Dunkle ist auf den Diwan geglitten, den Kopf in den Händen, Verzweiflung im Gesicht. «Ich fühle mich so glücklich», sagt sie. «So närrisch glücklich.» Auf ein solches Glück bin ich neugierig, eigensinnig nehme ich eine weitere Zigarette – nichts. Man sagt mir: «Stehen Sie auf, laufen Sie!» Ich stehe auf und gehe ganz gerade. Es scheint, daß ich mich wie von Engeln geführt fühlen soll. Die anderen schweben, fliegen – sagen sie. Der Tänzer mimt diesen wunderbaren Flug, dann macht er eine Zeitlupennummer: tanzen kann er. Er sieht selig aus. Die Dunkle wiederholt «So närrisch glücklich», dabei stehen ihr die Tränen in den Augen. Noch eine nehme ich, die letzte. Alles blickt auf mich; schwere, strenge Blicke. Ich fühle mich schuldig und meine Kehle brennt. Ich schlucke den Rauch auf einmal hinunter, aber kein Engel bemüht sich, mich von der Erde aufzuheben: ich bin offenbar immun gegen Marijuana. Ich habe den Eindruck, daß mir auf lange Zeit die harmloseste Zigarette einen Abscheu einjagen wird.

5. Mai

Ende der Woche muß ich abreisen. Kaum habe ich mich wieder ganz in New York eingelebt, muß ich schon wieder weg. Dieser Gedanke macht mich fiebrig; ich bringe mich auf doppelte Touren und schlafe überhaupt nicht mehr. Die drohende Abfahrt verknotet mir die Kehle, ich trinke mehr als ich esse, ich lebe in einem Dämmerzustand. Vielleicht ist mir das Marijuana hinterlistig ins Blut gedrungen. Ich bin im Lauf dieser Reise bisweilen ermüdet oder verwirrt gewesen: aber so völlig durcheinander wie heute war ich noch nie.

Ich bin manchmal benommen, wenn das Telefon gegen neun Uhr morgens klingelt. Heute läßt mich das Geräusch aus dem Bett fahren. Eine französische Stimme entschuldigt sich wegen der Störung, faselt einen Namen, auf den zu hören ich mich nicht sonderlich anstrenge: es ist natürlich M., der mich viermal die Woche unter allerhand Vorwänden aufweckt und sich jedesmal entschuldigt; er wiederholt eine Einladung zum Mittagessen, die ich schon abgelehnt habe. Ich sage ihm unfreundlich, daß ich ihn vor meiner Abreise noch anrufen werde, und hänge ein. Zehn Minuten später erneutes Klingeln: die Stimme von M. dringt fröhlich in mein Ohr: «Ich wecke Sie wohl?» Mir bleibt das Herz stehen – das war nicht er, mit dem ich soeben gesprochen habe! Aber wer war es? Ich zerbreche mir vergeblich den Kopf, ich kann mich nicht einmal entschuldigen, vielleicht war es jemand, der mir sehr sympathisch ist – wie soll der sich meine Kälte erklären? Die Gewissensbisse verfolgen mich den ganzen Vormittag. Einigermaßen erstaunt darüber, daß ich zum Mittagessen frei bin, rufe ich gegen 12 Uhr bei den Wrights an und treffe sie in einem kleinen Restaurant. In meinem Hotel finde ich ein Zettelchen von T.B. vor, einem Freund von N. und I., den ich sehr gern habe und mit dem ich verabredet war: er ist erstaunt, daß ich nicht da war, und bittet mich, ihn um 17 Uhr in seinem Büro abzuholen. Um 17 Uhr stehe ich in der *hall* des großen *buildings* in der Lexington Avenue, aber mir fällt der Name der Verlagsfirma nicht mehr ein, wo T. B. arbeitet. Vergeblich frage ich den schwarzen Portier. Ein *building* ist eine kleine Stadt, er kennt nicht alle Bewohner. So stehe ich vor der ungeheuren Tafel, auf der in alphabetischer Reihenfolge alle im Gebäude untergebrachten Unternehmen aufgeführt sind. Die Liste geht über ganze Kolonnen, und ich bin nicht sicher, daß ich beim Überfliegen den Namen wiedererkennen werde. Verzweifelt wende ich mich zum Gehen, als T. B. neben mir auftaucht; er hat erraten, daß ich verloren war, und ist heruntergekommen, nach mir zu sehen.

Wir trinken zusammen ein Glas, ein Moment der Entspannung. Als ich ihn aber gegen 19 Uhr verlasse, packt mich eine neue Angst: ich soll heute abend einen Vortrag halten, und noch dazu auf englisch – aber ich weiß nicht mehr wo. Man hat mir die Adresse telefoniert, ich habe sie nicht aufgeschrieben. Aufs Geratewohl gehe ich 214 E, 52. Straße. Ein Privathaus, wo selbstverständlich keinerlei Vortrag erwartet wird. Mich ergreift eine fatalistische Resignation. Ich gehe in ein kleines französisches Restaurant in der 3. Avenue und denke «Man wird schon sehen». Aber um 20 Uhr – der Vortrag ist für 20 Uhr 30 angesetzt – packt mich die Angst. Ich versuche zu telefonieren: aber die Leute, die wissen, wo der Vortrag stattfindet, sind schon dorthin unterwegs. Niemand gibt Antwort. New York ist groß, auf gut Glück habe ich kaum Aussicht, vor der richtigen Tür zu landen. Als ich bedrückt wieder an meinen Tisch zurückkomme, entdecke ich an einem der rückwärtigen Tische die C. B.s. Ich stürze mich auf sie und habe Glück. Sie wollen gerade aufbrechen, meinen Vortrag zu hören, und geben mir eine Karte mit der aufgedruckten Adresse. Um 20 Uhr 30 bin ich zur Stelle.

Vielleicht hätte ich besser zeitig schlafen gehen sollen. Aber ich habe mit Freunden bis fünf Uhr morgens im *Chamby's* gesessen, *hamburgers* gegessen und Whisky getrunken.

8. Mai

WELCHES AUCH IMMER die tieferen Gründe für die Situation der Geistesarbeiter in Amerika sein mögen, sicher ist, daß viele von ihnen unter ihr leiden. Boshaft sagte mir neulich L. W., die französischen, italienischen und englischen Schriftsteller seien aufeinander eifersüchtig, weil jeder über den Erfolg des anderen in Wut gerate und ihn um diesen beneide; aber die amerikanischen Schriftsteller können sich untereinander nicht ausstehen, weil einer in dem anderen das Abbild seines eigenen Mißerfolgs und seiner eigenen Misere erblickt. Diese Verbitterung, die oft zum Minderwertigkeitskomplex wird, hindert sie bisweilen, kühnere Konzeptionen und einen tieferen Einfluß zu haben: wir sahen diesen diabolischen Kreislauf bereits bei den Universitätsprofessoren. Ich hörte auch Klagen darüber, daß der Schriftstellerverband seinen Aufgaben absolut nicht gewachsen sei; auf seinen Tagungen beschränkt er sich auf Geld- und Wirtschaftsfragen: wie kann man zu einer größeren Verbreitung der Bücher gelangen? Wieviel darf der Verleger an der Veröffentlichung eines Buchs in einer Zeitschrift verdienen? Wenn überhaupt jemals Gedanken zur Diskussion stehen, so beschränkt sich das Niveau bestenfalls auf ein Thema wie etwa: «Ist Schreiben ein Vergnügen?» Man muß zugeben, daß unsere Société des Gens de Lettres, deren ungefähres Pendant der amerikanische Schriftstellerverband ist, auch nicht gerade eine bemerkenswerte Ausstrahlung hat. Um ein bißchen Abwechslung in diese Atmosphäre zu bringen, ist Wright auf den Gedanken gekommen, für heute abend vorübergehend in New York weilende ausländische Intellektuelle einzuladen und jeden um eine kurze Darstellung über den Einfluß der amerikanischen Literatur in seinem Land zu ersuchen. Ein ausgezeichnetes, sehr französisches Diner mit Cocktails und Weinen leitet den Abend in dem schönen Hotel *Algonquin* ein. Dann sagen wir, jeder in seiner Sprache, unser Sprüchlein her: ein Argentinier, ein Schwede, ein antinazistischer Deutscher, eine Amerikanerin, die lange in China gelebt hat, und ich selbst. Das Publikum, das uns zuhört, ist ältlich, traurig und überwiegend weiblich. Ein Delegierter des State Department, den niemand eingeladen hatte, interveniert in einer Weise, die uns allen höchst überflüssig erscheint: unter dem Vorwand, den Einfluß der amerikanischen Literatur zu studieren, spricht er ausschließlich von den Absatzmärkten, die das amerikanische Buch im Ausland erobern kann und muß. Als ob es sich um den Verkauf von Baumwolle handelte. Mit zartfühlendem Mitleid spricht er von dem armen kleinen Europa ohne Dächer, ohne Brot, ohne Stiefel, ohne Feuer, und von der Hilfe, die ihm Amerika bringen, und von den Büchern, die es ihm als geistige Nahrung schicken muß. «Als die Transportmöglichkeiten noch selten und schwierig waren», sagt er, «schickten wir eine Kopie des Films *Vom Winde verweht* im Flugzeug nach Polen. Diese Verschwendung ist uns von manchen verübelt worden. Aber vielleicht haben doch einige wenige Polen, die diesen Film sahen, begriffen, daß es auf der Welt noch ein Land der Freiheit gibt ...» – «Ein Wunder», sagt mir Wright, «daß das Wort ‹Dollar› nicht gefallen ist; aber dann schon besser aus dem Mund eines Staatssekretärs als aus dem eines Schriftstellers.»

Als ich wieder daheim bin, mache ich eine erstaunliche Feststellung. Eigentlich hätte ich New York bereits vor zwei Tagen verlassen sollen. Ein widriger Zufall verzögert meine Abreise. Ich bin schwankend geworden. N. A. schlug mir neulich vor, noch einmal nach Chicago zu reisen; um Amerika zu verstehen, ist es ebenso wichtig, Chicago zu kennen wie New York, hat man mir häufig gesagt. Andererseits gefällt es mir hier. Gewiß, es gefällt mir gut hier, aber ich fange an, mich irgendwie unbehaglich zu fühlen. Ich habe einen Kreis von Freunden, habe Gewohnheiten angenommen. Wenn ich die Greenwich Avenue hinunter bummle, mich auf eine Bank von Washington Square setze, wenn ich den *New Yorker* nach den Kinoprogrammen durchblättere, fühle ich, daß das Phantom von einst Gestalt angenommen hat. Heute nachmittag hat mich die Gattin von A. E. zu einer Tanzprobe abgeholt, die in einem *uptown* gelegenen Studio stattfindet. Ein futuristisches Ballett, das in einer Woche in kleinstem Kreis aufgeführt wird. Der Komponist John Cage begleitete am Flügel. Mir gefiel die Choreographie, die leichtbeschwingt und kunstvoll die Steifheit imitierte; mir gefielen die schönen, abstrakten Requisiten, die die Tänzer feierlich in ihren Händen trugen, und die erstaunlichen Leistungen des Stars der Truppe Cunningham. Vor allem aber gefiel mir die Intimität dieser Arbeitsstunden an einem heißen Nachmittag. Die Frauen trugen schwarze, mehr oder minder zerrissene und geflickte Trikots, die mir schöner erschienen als alle Kostüme, die nur als Augenfang für den Zuschauer berechnet sind. Meine Zulassung in die Vertraulichkeit dieses Kreises läßt mich fühlen, daß New York mich adoptiert hat. Nach einer Nacht voller leidenschaftlicher Diskussionen und Jazzmusik bin ich mit A. E. und L. W. am Ufer des East River spazierengegangen. Das erste Tageslicht schimmerte durch den feinen Regen, der die Schiffe nässte, der Kai lag verlassen, ein Seemann wusch das Deck eines großen, häßlichen Schiffs; die Battery zeichnete sich in der Ferne ab. Eines Abends war ich allein. Von der Höhe des Tudor Square, an ein Gitter gelehnt, sah ich eine große rote, runde Sonne ins Meer tauchen; wenige Schritte von mir entfernt betrachtete ein Mann, an das Gitter gelehnt, die gleiche Sonne: ich gehörte zu dieser Stadt genau wie er. Aber trotz alldem – diese poetischen Impressionen sind nur ein Selbstbetrug. Meine hiesigen Freunde gehen ihren Berufen nach, haben ihre Alltagssorgen, stehen vor den Problemen, von denen ich sprach. Ich bin eine Außenstehende. Wenn ich diskutiere, dann um zu begreifen, zu wissen: aber das Spiel geht nicht um mich. Die Tänzer, die trotz Ermüdung und Hitze immer und immer wieder probten, durchlebten einen wirklichen Augenblick ihres Lebens, nahmen das volle Risiko auf ihre Schultern: ich riskiere nie etwas, ich bleibe Zuschauer. Je vertrauter mir diese Welt ist, um so stärker fühle ich das Bedürfnis, einen wirklichen Platz in ihr einzunehmen – vielleicht fände ich ihn auch, wenn ich länger hier bleiben könnte. Aber in zehn Tagen wird nicht mehr die Rede davon sein, ihn zu suchen. New York ist keine Fata Morgana mehr, die ich erst in eine Stadt aus Fleisch und Blut verwandeln muß, es ist eine betäubende

Wirklichkeit, es hat die Dichte und den Widerstand der Wirklichkeit. Nichts werde ich von dieser Stadt erhalten, es sei denn, ich gäbe mich ihr ganz; um aber ein solches Geschenk möglich zu machen, müßte ich meine Existenz von Grund auf ändern. Es ist mir bestimmt, hier nur Besucherin, Durchreisende zu sein. Morgen früh werde ich mir ein Flugbillett für Chicago reservieren lassen.

9. Mai

Dies ist also mein letzter Abend in New York. Ich werde ihn mit A.E. und R.W. in Harlem verbringen. Wir essen in einem chinesischen Restaurant, dann fahren wir im Taxi die ganze Autobahn des East River hinunter. Verwandelt durch die Nacht funkeln Brooklyn und Queens. Die Fassaden der Wolkenkratzer sind durchsichtig geworden, das Rot und Grün der Neonreklamen erleuchtet den Himmel. Zum letztenmal sehe ich diese Märchenlandschaft. Wright ist sehr übermütig: er imitiert den Rundfunksprecher bei der Übertragung eines Baseballspiels und Mr. Anthony, der bedrückten Seelen Ratschläge erteilt. Als wir halten, sagt der Chauffeur ihm voller Bewunderung: «Ihre Nummer ist ausgezeichnet», und um nicht zurückzustehen, führt er uns die Scheiben seines hochmodernen Wagens vor, die sich automatisch öffnen und schließen.

In dem ersten Nachtclub, in den wir geraten, spielt das Orchester den neuen Jazz, von dem mir A. E. erzählt hatte: den *be-bop*. Die Weißen sind bestrebt, das zu entstellen, was die Schwarzen erfinden, und gelehrig nehmen ihrerseits die Schwarzen die Deformationen an. Die Musiker hier spielen einen Jazz, der – abweichend von der Tradition von New Orleans, wie ihn der *original be-bop* erfordert – nichts anderes ist als der Ausdruck des keuchenden, erbitterten Fiebers von New York. Der Raum ist leer: das ist auf die allgemeine Flaute zurückzuführen, aber vielleicht auch darauf, daß das Publikum diese gewittergleich dröhnenden Rhythmen nicht ertragen kann. Um die Wahrheit zu sagen, es ist unmöglich, sie lange zu ertragen – nach einer halben Stunde fühlen wir uns erledigt. Das zweite Nachtlokal ist besser besucht, die Musik geht einem hier weniger auf die Nerven. Es gibt ein paar Vorführungen: Tanz und Chansons. Eine Nummer ist ein großer Erfolg: eine alte Negerin in einem rosa-baumwollenen Bademantel, Lockenwickel und Nachthaube auf dem Kopf, unförmig und mit Hausschuhen an den Füßen, singt und erzählt mit rauher Stimme Geschichten. A. E. und R. W. sagen, daß sie sehr komisch ist: mir aber bleiben diese im Dialekt der Südstaaten vorgetragenen Lieder und Geschichten, doppelsinnig und voller Anspielungen, verschlossen. Die Mimik amüsiert mich, die Schauspielerin finde ich ausgezeichnet, aber ich muß zu meiner Schande gestehen, daß ich nicht ein einziges Wort verstehe.

Wir gehen die Lenox Avenue zu Fuß herunter, und da wir Hunger haben, landen wir in einem Restaurant *Bar-be-Q.* Ich habe diese Reklame häufig und in allen Städten Amerikas gesehen. Das Barbecue-Fleisch ist nichts anderes als am Spieß gebratenes Fleisch. Diese primitive Technik wird im Land der elektrischen Küchen als eine amüsante Attraktion betrachtet. Wir setzen uns an einen dunklen Holztisch in einem kleinen Raum, wo hinter der Theke sich Bratspieße drehen, auf deren Stahlspitzen Hühnchen und Schweinerippchen aufgespießt sind. Die Wände sind mit Fotografien bedeckt: Boxer, Tänzer, Tänzerinnen, farbige Sängerinnen. Wie in allen volkstümlichen Bars so sind auch hier viele Inschriften an den Wänden: eine von ihnen frappiert uns besonders: «Wenn ihr wollt, daß eure Gebete erhört werden, dann bleibt nicht auf den Knien liegen: steht auf und schreit!» Wir sind in Harlem.

Wir essen Schweinerippchen mit Pommes frites, wir trinken Wasser dazu – denn diese bescheidenen Garküchen dürfen keinen Alkohol ausschenken –, und unsere Diskussion bewegt sich natürlich wieder einmal um die Negerfrage. Wright beklagt unter anderem die Art der Anziehung, die viele Weiße des Nordens, und gerade in New York, den Schwarzen gegenüber empfinden. Sie definieren sie als die Antithese der amerikanischen Zivilisation: vortrefflich begabt für Musik und Tanz, reich an animalischen Instinkten und einer ungewöhnlichen, sinnlichen Kraft, sorglos, leichtsinnig, verträumt, poetisch, religiös, empfänglich, undiszipliniert, naiv – das ist das konventionelle Bild, das sie sich von den Negern machen. Und sie «gehen zu den Schwarzen», denn sie sehen in ihnen das, was sie selbst gern sein möchten und nicht sind. Am stärksten fasziniert aber sind die, die in sich den tiefsten Mangel an Selbstvertrauen verspüren: diese *nigger-lovers*, wie sie von den Südstaatlern genannt werden, sind zumeist Sauertöpfe, Kranke, Neurotiker und Schwächlinge mit Minderwertigkeitskomplexen. Wenn Mezzrow in Harlem lebt und bewußt die Schwarzen den Weißen vorzieht, so findet Wright ein solches Verhalten verhängnisvoll, denn es ist dazu angetan, die Kluft zwischen Weißen und Negern weiterbestehen zu lassen. Der klar ersichtliche Unterschied zwischen den beiden Kasten beruht auf den verschiedenen Gegebenheiten der historischen, wirtschaftlichen, sozialen und kulturellen Situation, die – zumindest in der Theorie – abgeschafft werden könnten. Aber das ist eine der Wahrheiten, von denen sich auch die Amerikaner, die guten Willens sind, nicht überzeugen lassen.

19. Mai

Zwei Tage voller Besorgungen und Abschiedsbesuche. Bei G. T. habe ich mit dem Dewey-Schüler Sydney Brock die pragmatische und die existentialistische Philosophie diskutiert. Auf einer *party* bei D. M. D. traf ich ein paar Schriftsteller und verabschiedete mich von den meisten meiner Freunde. Im Restaurant *La Fayette*, wo die Marmortische sich hoffnungslos bemühen, die Erinnerung an ein französisches Café wachzurufen, hatte ich ein kurzes Rendezvous mit Dos Passos, den ich von Paris her kannte. Er kommt selten nach New York, er lebt sehr zurückgezogen in Princeton in New England, wo er ein Buch über die Zeit Jeffersons schreibt. Er glaubt nicht an die unmittelbare Gefahr eines Kriegs: «Ich glaube, man wird den Konflikt lokalisieren können», meint er. «Man wird sich vielleicht in China schlagen: das wäre schon eine Lokalisierung.»

Soeben habe ich meine Steuern für das während dieser vier Monate verdiente Einkommen bezahlt. In Frankreich

▶ Der Finanzdistrikt bei Nacht, 1940

hätte diese Operation tagelange bürokratische Schreibereien erfordert. Hier spielt sich das Ganze, wie immer, von Mensch zu Mensch ab, und in einer halben Stunde ist alles erledigt. Der Beamte, der mir gegenüber Platz nimmt, um das von mir vorbereitete Blatt mit meinen Aufzeichnungen zu überprüfen, verlangt als Glaubhaftmachung nur mein Ehrenwort, nichts weiter. Dann hilft er mir, meine Unkosten zusammenzustellen: Reisekosten, Stenotypistin, Empfänge, Hotels, Wäsche…? Er selbst erteilt mir mit rührendem Eifer gute Ratschläge und ist betrübt, daß meine Gesamtunkosten nicht höher sind, so daß immer noch eine Abgabe bezahlt werden muß. Zwei Stempel – und ich kann Amerika verlassen.

Ich kann das Land verlassen, und ich werde es verlassen. Der Abend sinkt auf New York, mein letzter Abend. Das Land, an dem ich so oft irre geworden bin – es fällt mir bitter schwer, es jetzt verlassen zu müssen. Man hat mich oft in jüngster Zeit gefragt: «Lieben Sie Amerika?», und ich hatte die Gewohnheit angenommen zu antworten: «Halb und halb» oder «Zu 50 Prozent». Diese mathematische Formel besagt wenig, ist nur der Ausdruck meiner eigenen Unsicherheit. Es ist kaum ein Tag vergangen, an dem Amerika mich nicht entzückt, und kaum ein Tag, an dem es mich nicht enttäuscht hätte. Ich weiß nicht, ob ich hier glücklich sein könnte; ich weiß nur, daß es mir unsagbar schwer wird, das Land zu verlassen.

Columbus Circus, Broadway, Times Square. Vier Monate sind vergangen. Es ist immer noch die gleiche Menge, es sind die gleichen Taxis, Wagen und Lichtkaskaden. Die *drugstores* und Wolkenkratzer haben nichts von ihrer Magie verloren. Ich weiß, warum ich sie liebe. Über die Ungezwungenheit dieser Zivilisation und über ihren reichen Überfluß hinaus sehe ich das faszinierende Zauberbild einer Existenz, die sich nicht darauf beschränken würde, sich lediglich zu erhalten, sondern die es ermöglichen könnte, über sich selbst hinauszuwachsen. Essen, reisen, sich kleiden, das alles geschieht hier ohne Anstrengung und Zeitverlust: darüber hinaus ist jedes Neubeginnen möglich. Amerika, wo noch der Geist der Pioniere umgeht, hat für mich deswegen eine so ungeheure Anziehungskraft, weil es das Reich der Transzendenz zu sein scheint: unvergleichlich in Zeit und Raum gestellt ist seine Geschichte die Geschichte der Weltschöpfung. Das ist es, was mich beim Anblick der Wolkenkratzer erregt: sie rufen es laut, daß der Mensch nicht in seinem Sein verharrt, sondern daß er Unternehmung, Expansion und Eroberung ist. In dem verschwenderischen Überfluß der *drugstores* liegt eine ebenso reiche Poesie wie in einer Barockkirche: der Mensch hat die Dinge im Rohzustand nach seinen Wünschen geformt, die Macht seiner Phantasie hat die Materie besiegt. New York und Chicago beweisen die Existenz dieses Weltschöpfers mit den gebieterischen Träumen, und aus diesem Grund sind es die menschlichsten und aufregendsten Städte, die ich kenne. Hier ist kein Platz für die trübe Weisheit des Spießbürgers in Pantoffeln, der kein anderes Ziel hat, als «friedlich zu Hause zu sitzen und auf den Tod zu warten», wie es zum Beispiel in dem berühmten Sonett vom Glück heißt. Dieses Warten ist schon der Tod. In diesem Sinn sind die Amerikaner quicklebendig: sie leben nicht im Hinblick auf den Tod, Tatenlosigkeit ist nicht ihr Fall; man beurteilt einen Menschen nach seinen Taten, und wer leben will, muß schaffen. Die großen Stahlbrücken, Central Station, Park Avenue, die Flughäfen, Straßen und Minen sind die Bestätigung dieses Glaubens.

Nur schwer werde ich mich von dieser grandiosen Vision der Hoffnung losreißen können; aber ich kenne auch die Kehrseite. Auch hierzulande erschöpft sich das Leben darin, sich zu behaupten. «Seit 6 Uhr bin ich unterwegs», sagte mir gestern gegen 22 Uhr ein Taxichauffeur, «was glauben Sie, wie gern ich heim möchte!» Ich denke an den Sturm auf das *ferry boat* von New Jersey. Alle meine Freunde erzählten mir, wie hart der Arbeitstag in dieser Stadt mit ihren ungeheuren Entfernungen ist. Vor allem die berufstätigen Frauen, die auch noch den Haushalt zu versorgen haben, sind am Abend restlos erledigt: ich sah viele, die so mitgenommen waren, daß sie es ablehnten auszugehen. Ich habe auch Verständnis dafür, daß es nicht nur eine Manie ist, wenn man soviel trinkt: man hat am späten Nachmittag einfach das Bedürfnis sich aufzupeitschen. Und am Herztod sterben die meisten Menschen in New York.

Aber das ist nicht alles. Man hat den erregenden Eindruck, daß alles noch beginnen könnte. Aber was kann beginnen? Was macht man mit der Zeit, die man gewonnen, mit dem Geld, das man verdient hat? Gewiß, ich habe die herrschende Klasse nicht kennengelernt, die studiert, erfindet, unternimmt, kämpft: aber sie stellt nur eine bescheidene Minorität dar. In ihrer Mehrzahl sind die Amerikaner denen gleich, die meinen Weg kreuzten. Ihr Leben dreht sich im Kreis. Sie haben keinen Sinn für ein kollektives Leben, und auch keinen Geschmack daran; sie kümmern sich auch nicht um ihr individuelles Geschick. Daher kommt die Niedergeschlagenheit, die ich so oft bei ihnen gefunden habe. Diese Welt, so reich an Versprechungen, erdrückt sie. Und ihr Glanz erscheint unfruchtbar, weil es an Menschen fehlt, sie zu beherrschen. Alle Zivilisationen bringen für die Menschen die Flucht in die «Banalität des Alltagslebens» mit sich, bemerkenswert aber ist, wie hier diese Flucht systematisch organisiert ist. [...]

Wenn ich an all diese Dinge zurückdenke und wiederum so viel zu kritisieren habe, warum ist es mir dann so schmerzlich, abreisen zu müssen? Weil man gegen unsere europäische, gegen die französische Zivilisation, in die ich nun zurückkehre, andere Vorwürfe erheben könnte: es sind nicht die gleichen, aber sie sind ebenso niederschmetternd. Wir haben eine andere Art als die Amerikaner, unglücklich oder unaufrichtig zu sein – das ist alles. Das Urteil, das ich während dieser Reise über sie abgegeben habe, entsprang niemals einem Gefühl der Überlegenheit. Ich sehe ihre Fehler und vergesse die unserigen nicht. Und jenseits von allem, was ich liebenswert oder verabscheuungswürdig gefunden habe, ist in diesem Land etwas faszinierend: das sind die ungeheuren Chancen und die Risiken, die es heute auf sich nimmt, und die Welt mit ihm. Hier stellen sich alle menschlichen Probleme in einem schwindelerregenden Ausmaß; und hier werden sie zum großen Teil ihre Lösung finden, die sie rückschauend in ein pathetisches Licht hüllen oder aber in die Nacht der Indifferenz versenken wird. Ja, das ist es, was mich im Augenblick der Abreise so tief erregt: dieses ist einer der Punkte der Erde, wo sich die Zukunft des Menschen entscheidet. Amerika lieben oder nicht lieben: diese Worte sind sinnlos. Dieses Land ist ein Schlachtfeld, und man muß leidenschaftlichen Anteil an dem Kampf nehmen, den es in sich selbst auskämpft und dessen Einsatz unsagbar groß ist.

Der spanische Schwamm und die vom herbstlichen Regen entblätterten Azaleen des Frühlings, die lilienweißen Bräute an der Ecke der Avenue, wo die vergessenen Menschen betteln, die ausgestopften Coyoten, die grünbronzenen Helden, die ockerfarbenen *pueblos*, die spärlichen, vorfabrizierten Häuschen am Rand der Salzwüste, die schwarzen Gesichter mit den haßerfüllten Augen, die Bauernhäuser aus gelacktem Holz im Schatten der roten Ahornbäume, die lachenden *college girls*, die Cowboys in ihren Reitstiefeln ... welch ein Gerümpel in der staubigen Bodenkammer, wo die Spinnen ihr Netz zu spinnen beginnen.

Neufundland. Shannon. Paris. In Orly bricht der Tag an. Wie alt sind die Zollbeamten und wie abgenutzt sind ihre Uniformen! Offenbar sind sie nicht sonderlich stolz darauf, französische Bürger zu sein. In ihren Zügen liegt etwas, das bettelt; sie sind zu schlecht bezahlt, um einen puritanischen Respekt vor den Vorschriften zu haben. Rund um einen üppig erscheinenden Koffer führen sie ein verdächtiges Getue auf – nun ja, jeder muß zusehen, wie er sich durchbringt. Auf der traurigen Straße, die nach Paris führt, sind die Menschen schlecht gekleidet, die Frauen haben farblose, schlecht frisierte Haare, die Männer haben graue Gesichter und einen demütigen Gang. Das Gemüse auf dem Markt ist kümmerlich. An der Gare des Invalides kein Taxi. Die Reisenden am Rand des Gehsteigs werden nervös und streitsüchtig. Der Himmel ist verhängt. Paris scheint erstarrt, die Straßen sind leblos und grämlich, die Auslagen lächerlich. Dort drüben funkelt jetzt in der Nacht ein ungeheurer Kontinent.

Simone de Beauvoir (9. Januar 1908–14. April 1986) wurde als Tochter eines Rechtsanwalts in Paris geboren. Sie studierte Philosophie an der Universität Sorbonne und arbeitete nach dem Abschlussexamen, der Agrégation, zunächst als Lehrerin. Nach der Veröffentlichung ihres ersten Romans *Sie kam und blieb* (1943) gab sie den Brotberuf auf, um fortan als freie Schriftstellerin zu leben. An der Seite des Philosophen Jean-Paul Sartre avancierte Simone de Beauvoir im Nachkriegsfrankreich zur führenden Repräsentantin des französischen Existentialismus. Wiederkehrende Themen ihrer Romane und Erzählungen sind die Geschlechterbeziehung, die gesellschaftliche Stellung der Frau, Alter und Tod. 1949 verfasste sie die umfangreiche Studie *Das andere Geschlecht* über «Sitte und Sexus der Frau». Nach der Wiederentdeckung des Werks durch die Frauenbewegung der 1970er Jahre gilt es heute als eines der bedeutendsten theoretischen Werke des Feminismus. Für ihren Schlüsselroman *Die Mandarins von Paris* (1954) erhielt Simone de Beauvoir die höchste literarische Auszeichnung in Frankreich, den Prix Goncourt. Ihre Bücher erreichten Millionenauflagen.

Susanne Nadolny, Publizistin mit dem Schwerpunkt Frauen und Literatur, beschäftigt sich seit vielen Jahren mit Leben und Werk Simone de Beauvoirs. Zu deren 100. Geburtstag im Januar 2008 gab sie das Lesebuch *Simone de Beauvoir – Ich will vom Leben alles* heraus. Sie veröffentlichte Bücher über Elsa Triolet und Claire Goll und arbeitete als Herausgeberin bzw. Co-Autorin an den Sammelbänden *Gelebte Sehnsucht. Grenzgängerinnen der Moderne, Engel und Sünderinnen. Idole der 50er Jahre* sowie *20 Abwege zum Glück* (edition ebersbach) mit. Susanne Nadolny ist als Autorin und Dozentin in Dortmund und Berlin tätig. Sie ist verheiratet und Mutter von zwei Söhnen.

Andreas Feininger wurde als amerikanischer Staatsbürger 1906 in Paris geboren, verbrachte seine Jugend in Berlin und ab 1919 in Weimar und Dessau, wo sein Vater Lyonel Feininger an der Bauhaus Hochschule unterrichtete. Andreas Feininger absolvierte am Bauhaus eine Ausbildung zum Kunsttischler, studierte anschließend Architektur und arbeitete von 1929 bis 1931 in Hamburg, als Zeichner im Architekturbüro der Kaufhaus-Kette Karstadt. Da er aber in Deutschland keine Arbeitserlaubnis erhielt, ging er 1932 nach Paris und arbeitete ein knappes Jahr bei dem bekannten Architekten Le Corbusier. 1933 emigrierte er nach Stockholm, wo er sich sehr schnell als gefragter Architekturfotograf etablierte, und 1939 nach Amerika. Von 1943 bis 1962 war Andreas Feininger Redaktionsfotograf beim LIFE-Magazin. Er starb am 18. Februar 1999 im Alter von 92 Jahren in New York.

Feiningers bekannteste Fotos entstanden unter Verwendung von Fachkameras mit Teleobjektiven mit sehr langer Brennweite, die Feininger teilweise selbst baute. Auf diese Weise konnte er großen Abstand von seinen Motiven halten und die tatsächlichen Größenverhältnisse darstellen. Das gelang ihm auf beeindruckende Weise, und viele seiner Fotos, vor allem von seiner neuen Heimatstadt New York City wurden weltberühmt.

▶ Midtown Manhattan, fotografiert von Weehawken, New Jersey, 1942

Emily Hahn
Shanghai Magie
Reportagen aus dem New Yorker
168 Seiten, Abb., Gb. mit SU, ISBN 978-3-938740-89-7

Als Emily Hahn 1935 nach Shanghai kommt, ist sie auf Anhieb von der Stadt verzaubert. Oft ironisch, mit feinem Humor und untrüglichem Gespür für die Dramaturgie ihrer Geschichten lässt Emily Hahn uns teilhaben an dem Lebensgefühl einer Stadt, die sich ständig wandelt.

MFK Fisher
Köstliche Jahre
Eine Amerikanerin im Herzen Burgunds
204 Seiten, Abb., Gb. mit SU, ISBN 978-3-938740-56-9

Die Erinnerungen der Grande Dame der Reise- und Gourmetliteratur an die frühen unbeschwerten Jahre in Dijon sind ein authentisches Portrait echter französischer Lebens- und Esskultur und ein kenntnisreiches, warmherziges Zeit- und Sittengemälde der 20er und 30er Jahre. Dem Zauber, der Faszination und dem Charme der französischsten aller Städte Frankreichs kann sich niemand entziehen.

Annemarie Schwarzenbach
Orientreisen
Reportagen aus der Fremde
192 Seiten, Abb., Halbleinen, ISBN 978-3-86915-019-2

Die Reisen der Schweizer Reiseschriftstellerin in den Jahren 1933 bis 1940 führen sie durch Anatolien, zu den Ruinen von Persepolis, nach Bagdad oder Teheran, in die Wüsten Turkestans und die Höhen des Hindukusch, darunter auch die legendäre mit ihrer Kollegin Ella Maillart unternommen Autotour nach Afghanistan. Annemarie Schwarzenbachs Reportagen über die Reize orientalischer Landschaften und Städte faszinieren durch eine authentische und bildhafte Sprache.